F. W. Faber

Selbsttäuschung · Ein Spiegel der Seele

Selbsttäuschung

Ein Spiegel der Seele

von
F. W. Faber

Übertragen von
Dr. theol. Kardinal Konrad Graf Preysing

MIRIAM-VERLAG

Imprimatur:
Freiburg i. Brg., den 27. März 1974
Nr. 3461 Dr. Schlund, Generalvikar

Herstellung:
Miriam-Verlag, 7893 Jestetten
Printet in West-Germany

ISBN 3-87449-063-7

INHALTSVERZEICHNIS

VORWORT

„Ein Spiegel der Seele" kann man dieses Büchlein des großen Geistesmannes und Mystikers Friedrich William Faber nennen. Es geht in diesem Büchlein des englischen Oratorianers um *das Wahrsein* gegen sich selbst, gegenüber den Mitmenschen und Gott — also um die *Selbsterkenntnis.* Wer immer sein Ich, Denken, Wollen und Handeln mit schonungsloser Wahrheit überprüft, wird inne und sich bewußt werden, daß der Mensch sich mehrfach täuscht, was zur Folge hat, daß er nicht so erfolgreich wirken kann, wie Gott in Seinem heiligen Plane es wünscht. Der Mensch bleibt hinter den Absichten Gottes zurück und manch großes Werk bleibt dadurch verhindert oder erhält nicht die Vollendung und Wirksamkeit. Selbsttäuschung untergräbt und zerstört die volle Entfaltung des Menschen, und den satanischen Mächten dient sie als willkommenes Einfallstor in die Bereiche der Seele. Dies alles ist Grund genug, sich um dieses heikle Thema zu kümmern und Ordnung und Klarheit im Innern zu schaffen.

Es ist eine schonungslose Sprache, die uns in diesem Versuch einer Selbsterkenntnis und Selbstüberprüfung begegnet, die uns — vielleicht zunächst — unsympathisch sein mag. Dennoch wage ich zu sagen: Wer dieses Büchlein unvoreingenommen liest, wird daraus seelischen Nutzen gewinnen, der ganze Exerzitien aufwiegen kann, und er wird das Büchlein mit innerem Dank und zugleich mit dem Entschluß weglegen, es wieder und wieder zur Hand zu nehmen. Es ist ein wahrhafter „Spiegel der Seele", dessen Gebrauch uns im geistlichen Leben und im Streben nach wirklicher, untrüglicher Frömmigkeit und Charakterbildung wohl mehr weiterhilft, als ganze Bände aszetischer Literatur.

Egg/Zürich, Ostern 1974

Prof. Albert Drexel

I.

EINFALT

Selbsttäuschung ist vielleicht die peinlichste, beunruhigendste und folgenschwerste negative Eigenschaft in der ganzen Theologie und Mystik. Gerade deswegen müssen wir darüber sprechen. Das geistliche Leben ist Wirklichkeit, die tatsächlichste aller Wirklichkeiten, weil es die wichtigste unserer Beziehungen zu Gott bedeutet. Es ist eine Wirklichkeit, die sich oft als schweres lästiges Joch auf unsere leichtsinnige Natur legt. Wenn es uns ernst ist mit der Rettung unserer Seelen, — furchtbar wäre es, sie nicht ernst zu nehmen — so dürfen wir im geistlichen Leben nicht nach angenehmen Dingen, nach bequemen Aussprüchen Ausschau halten, sondern müssen nach Wahrheit und Aufrichtigkeit streben. Manche tun sich etwas darauf zugute, erschreckenden Dingen grundsätzlich aus dem Weg zu gehen. Für sie bedeutet es den Höhepunkt gesunder Auffassung, sich derartiges vom Leibe zu halten und sie fällen feierlich ein strenges Urteil sowohl über Bücher, die davon handeln, als auch über die, die danach streben. Solche Leute sind einfach unaufrichtig; wir dürfen auf eine solche Einstellung keine Rücksicht nehmen. In den Augen Gottes gilt es sicher sehr wenig und darum gilt uns ihr Vorbild gar nichts. Sie werden nach ihrem Tod gerichtet und eine starke Wahrscheinlichkeit spricht dafür, daß das Gericht auf diese übermäßig bequeme Auffassung ein düsteres Licht wird fallen lassen. Das letzte Gericht ist aber nicht der rechte Zeitpunkt, um Irrtümer zu entdecken, und erst gar nicht, um bequeme Auffassungen zu verbessern — und das aus mancherlei Gründen. Wir haben eine solche Grundauffassung nicht; darum sind wir, wie oft wir uns auch sonst irren mögen, vor solchen Irrtümern sicher.

Wir nehmen es sehr ernst mit Gott. Wir verlangen danach auf Seinen Wegen vorwärts zu kommen. Daher unser Entschluß, uns an das unliebsame Thema Selbsttäuschung zu machen, es uns recht genau zu besehen in der Hoffnung, daß dieses unangenehme Geschäft unserer Seele gute Dienste tun wird. Viele Seelen sind zweifellos durch Selbsttäuschung verloren gegangen. Noch viel mehr sind gerade durch sie weit hinter den Absichten Gottes zurückgeblieben. Bei uns allen haben zahlreiche Gnaden keine Frucht gebracht, weil es an unserer Mitwirkung mangelt, und sehr oft trug leider Selbsttäuschung die Schuld. Eine Krankheit, an der fast jeder leidet und deren Folgen so tief verderblich sind, verlangt eine ehrliche Untersuchung von seiten derer, die mit Gott und mit sich selbst ehrlich sein wollen.

Unwahrhaftigkeit ist ein sehr häßliches Ding. Es ist der beleidigendste, herausforderndste Vorwurf, den wir uns gegenseitig machen können. Wie schwer verletzt doch der Vorwurf der Unwahrhaftigkeit das menschliche Herz. Wir möchten uns so gerne einreden, daß Unwahrhaftigkeit sehr selten ist. Wir haben uns entweder eingeredet, daß dieser Fehler nicht gewöhnlich ist, oder wir sind darauf bedacht, es uns einzureden.

Unglücklicherweise ist aber diese Unwahrhaftigkeit gar nicht selten. Sie ist die allgemeinste aller Erbärmlichkeiten. Sie ist so weit verbreitet wie der Sündenfall und seine Folgen. Ein wahrhaftiger Mensch ist das seltenste aller Phänomene. Vielleicht haben wir noch nie einen gesehen. Volle Wahrhaftigkeit ist zweifellos die ungewöhnlichste aller Gnaden. Die Gnade übergroßer Bußstrenge und körperlicher Abtötung, die einige Heiligen auszeichnete, die Gnade, Leiden zu lieben, die Gnade der Verzückung, die

Gnade des Martyriums, all diese Gnaden sind häufiger als die Gnade völliger Wahrhaftigkeit. In Wirklichkeit sind wir alle unwahrhaftig, am meisten sind es die, die sich für am wenigsten unwahr halten, am wenigsten die, die sich für sehr unwahrhaftig halten. Der erste Schritt zur Wahrhaftigkeit ist die Erkenntnis, daß sie uns abgeht; denn aus dieser Erkenntnis erwächst der Entschluß und das Streben, diese Wahrhaftigkeit zu erlangen. Wir ahnen nicht, wie unwahrhaftig wir sind, so lange wir uns nicht prüfen. Wir dürfen es daher bei einem allgemeinen Schuldbekenntnis nicht bewenden lassen; wir müssen in uns gehen und unser ganzes Elend, unsere ganze Verderbtheit aufspüren. Es ist der Mühe wert, zwei Drittel unseres Lebens nur danach zu trachten, ein bißchen weniger lügenhaft zu sein, als wir es sind. Grobe Worte! Aber, wie sich noch herausstellen wird, nicht bös gemeint.

Wenig Nutzen bringt es, uns auf das unangenehme Thema Selbsttäuschung einzulassen, es sei denn, wir sind uns eines männlichen Entschlusses bewußt, mit ihr aufzuräumen. Wer diesen Entschluß nicht fassen will, der sollte lieber nicht weiterlesen. Man tut immer einen Fehlgriff, wenn man etwas, das für einen anderen bestimmt ist, auf sich selbst anwendet. Es gibt leider viel pfuscherische Selbstbehandlung im geistlichen Leben, die sich nach den Rezepten unseres Nachbarn richtet. Sie ist für die Seele ebenso verderblich wie es dieselbe Übung für die Gesundheit des Leibes wäre. Was also hier gesagt wird, ist nur für ehrlich strebende Menschen bestimmt; für oberflächliche würde es einen ganz anderen Sinn haben und durchaus nicht wohltätig wirken. Weiterhin hätte es wenig Wert, sich in das unerfreuliche Thema Selbsttäuschung zu vertiefen, wenn wir nicht — als Maßstab oder Ideal — eine Begriffsbestimmung der christlichen Einfalt, und sei es eine nur negative, zugrunde legten. So wollen wir uns zunächst eine wenn auch nicht ganz erschöpfende Vorstellung der christlichen Einfalt machen und versuchen, sie durch eine Analyse der ihr entgegenstehenden Hindernisse klarer zu erkennen.

*

Die christliche Einfalt oder heilige Wahrhaftigkeit besteht aus drei Dingen, von denen man ein jedes viel seltener findet als einen schwarzen Schwan außerhalb Australiens. Sie schließt in sich, vor allem,

daß wir mit uns selbst,
daß wir mit anderen, und
daß wir mit Gott wahr sind.

*

Um wahr mit uns selbst zu werden, gibt es gewisse Wege, die unfehlbar und unerläßlich sind. Woraus können wir ersehen, ob wir uns diese Tugend erworben haben? Daraus, daß wir die entsprechenden Mittel angewendet haben. Die ganze innerliche Verderbtheit unserer Natur ist nichts mehr und nichts weniger als der Rohstoff für die Selbsttäuschung. Die Bösartigkeit dieser Verderbnis liegt in ihrer Verlogenheit; und die Persönlichkeit, die wir am liebsten betrügen, ist unser eigenes Ich. Wohl manch einer ist Zeuge davon, wie erfolgreich wir darin sind. Wenn es uns ernst ist mit unserer eigenen Aufklärung, dann müssen wir uns wirklich bemühen, Selbsterkenntnis zu erlangen. Wenn wir uns und die Schleichwege unseres sehr verwickelten, unbeständigen Charakters nicht kennen, sind wir offenbar nicht in der Lage, wahrhaft zu handeln. Es ist aber nicht leicht, sich zu kennen. Im Gegenteil, es gibt auf der Welt nichts Schwereres. Bemühen wir uns wirklich ernstlich darum, uns selbst zu erkennen? Sind wir bei unserer Gewissenserforschung ehrlich? Halten wir sie pünktlich? Wir können wohl mit Recht annehmen, daß Menschen, die auf die Rettung ihrer Seele bedacht sind, ohne daß in ihrer Tagesordnung eine kurze Gewissenserforschung ihren Platz hätte, recht selten sind. Nun, wie steht es da mit unserer Regelmäßigkeit, unserer Genauigkeit,

unserem Fleiß? Wie hoch schätzen wir diese Übung ein? Wenn wir uns keine Mühe geben, uns kennenzulernen, so können wir versichert sein, daß wir nicht wahr mit uns selbst sind.
Es hängt sehr viel von unserer Selbsterkenntnis ab. Wenn wir es nicht darauf absehen, uns selbst zu erkennen, ja wenn wir der Selbsterkenntnis aus dem Wege gehen, können wir vor der Tatsache kaum unsere Augen verschließen, daß wir uns um unser Seelenheil viel zu wenig bemühen. Wer aber geht der Selbsterkenntnis aus dem Wege, das heißt, wer legt es darauf an, in der Unkenntnis über sich selbst zu verharren? — Fast jeder tut es. Es gibt kaum jemanden, ganz gleich, ob Mann oder Frau, der dies nicht auf dem Weg, der ihn nach seiner Meinung zur gewünschten Heiligkeit führt, gewohnheitsmäßig und auf mannigfache Art täte.
Ein Beispiel: Der Mensch geht wie mit Absicht voll Unklarheit und Verworrenheit seines Weges. Vielleicht ahnt er, daß seine Beichtvorbereitung nicht so sorgsam ist, wie sie sein sollte. Er hat ein unbestimmtes Gefühl, daß seine Gewissenserforschung zu oberflächlich, seine Bemühung um Reue zu gering ist, so daß sich die übergroße Fülle der sakramentalen Gnaden nur zum geringsten Teil auswirken kann, und daß vielleicht sogar die Gültigkeit des Sakramentes in Gefahr kommt. Er nimmt sich immer wieder vor,

der Sache nachzugehen, aber er tut es nicht. Er will es einmal tun, aber jetzt nicht. Er ist sich über den Übelstand auch nicht ganz klar. Also ist er seiner Meinung nach nicht unbedingt verpflichtet, ihn abzustellen. Denn möglicherweise stellt es sich bei der Untersuchung doch heraus, daß nichts abgestellt werden muß. Solche Leute weichen der Selbsterkenntnis aus und halten sich dadurch die Pflicht einer Lebensänderung vom Leibe; so erscheint ihr Selbstbetrug als Gewinn. Nun lastet auf fast jedermanns Gewissen eine solch traurige Unklarheit über einen Teil seiner Lebensführung, meist über Dinge, die mit den Übungen und Regeln des geistlichen Lebens, so mit dem Gebet, der Abtötung, den Sakramenten und dergleichen zu tun haben. So hat mancher ein dumpfes, unbestimmtes Gefühl, daß er sich durch die Vernachlässigung der körperlichen Abtötung sehr großen Schaden zufügt. Und doch will er dieses Gefühl nicht analysieren, es nicht entlarven, um zu sehen, was daran ist. Er könnte es sehr leicht tun. Oder gibt es einen anderen, der es für ihn tun kann? Wie steht es mit deiner Abtötung? „Ich bin darüber nicht ganz beruhigt." Gut! Aber das ist doch nicht eben eine Sache, über die man Zweifel haben dürfte. „Ach! Das ist eine schwierige Frage! Da müßte man gar viel sagen." Gewiß, über die meisten Fragen ist recht viel zu sagen.

Warum sagst du es nicht? „Ich bin gerade jetzt nicht darauf vorbereitet." Ja, ist das denn eine Sache, die Aufschub duldet? Entweder du führst ein abgetötetes Leben oder nicht. Nach fünf Minuten ehrlicher Selbsterforschung bist du dir darüber klar; und wenn es an Abtötung fehlt, so kannst du sofort festsetzen, wieviel du an deiner augenblicklichen Weichlichkeit ändern mußt, und dann vorwärts! Aber nein! Diese Art geistlicher Führung ist für die meisten von uns viel zu nüchtern und derb. Ja, eigentlich empfinden wir sie als roh und herzlos. Man darf das Pflaster nicht so von unseren Wunden reißen. Nebel hat etwas Beruhigendes, besonders für schüchterne Menschen. Man sieht uns nicht so deutlich. So leben wir dahin mit einem halben Dutzend ernster Angelegenheiten, die ungeordnet, unklar, ungeprüft bleiben, wie bei einem unsagbar langsamen Appellationsgericht. Wie wir uns bei all dem für wahr oder mannhaft halten können, ist schwer verständlich. Peinlich ist es, wenn andere uns durchschauen; denn meistens sinkt dabei ihre Achtung vor uns; aber unserer armseligen Natur ist es noch viel peinlicher, sich selbst zu durchschauen; denn wenn wir die Achtung vor unserem eigenen Ich verlieren, dann sind wir geschlagene Leute. Das Schlimmste daran ist, daß es einen Zeitpunkt und einen Ort gibt, an dem wir unvermeidlich durchschaut werden. Ein kluger Mann wählt lieber das weniger Unangenehme. Manche Menschen sind aus einem anderen Grunde unehrlich mit sich selbst: die einen aus Scheu vor Anstrengung, die anderen aus der Befürchtung heraus, daß eine Untersuchung sie zwingen würde, sich Gott ganz zu überlassen, oder Ihm endgültig etwas zu versagen; Möglichkeiten, die sie beide um jeden Preis vermeiden wollen. Es kommt tagtäglich vor, daß man bei einem Tun verharrt, ohne des Wertes der Beweggründe sicher zu sein, ja selbst mit dem unbestimmten Argwohn, daß die Motive nicht echt sind. Dieses kommt besonders oft vor, wenn es sich um Nächstenliebe handelt. In vielen Fällen ist es auf Grund unserer Selbstkenntnis von vornherein wahrscheinlich, daß etwas Eifersucht, Abneigung, Rivalität, Siegerbewußtsein oder eine andere Armseligkeit sich unter unsere Beweggründe mischen; sie verderben eine Reihe von Handlungen, ja sie bahnen die Übung neuer Lieblosigkeiten an oder sie stärken schon vorhandene und behindern, so lang dieser Krebsschaden an der Seele ungestört weiterfrißt, jedes Wachstum an Gnade. Dasselbe gilt von Werken der Barmherzigkeit und gemeinnützigen Veranstaltungen, auf die wir uns einlassen. Haben wir auch nur den geringsten Grund, unserem Tun zu mißtrauen, die allergeringste Ursache zu zweifeln, ob die Ehre

Gottes in unserem Herzen den ersten Platz einnimmt, so sollten wir entschlossen unsere Motive prüfen; sonst kann ein schlimmer Verlust von Verdiensten entstehen, ja ein tatsächlicher und eigentlicher Schaden in unserer Seele angerichtet werden durch die Zerstörung von Werken der Gnade, die früher in ihr aufgebaut worden waren.

Machen wir unsere Fehler zum Gegenstand nüchternen, gründlichen Nachdenkens? Zu gewissen Zeiten ist dies nicht ratsam, insbesondere in Zeiten der Versuchung, der Mutlosigkeit oder des Zweifels. Muß diese wichtige Übung aber nicht im allgemeinen zu den religiösen Betätigungen jedes guten Menschen gehören? Wenn unser großes Ziel die Rettung unserer Seele ist, wenn unsere Fehler das einzige Hindernis hierfür bilden, wenn sie überdies fein, verschlagen sind, geschickt verkleidet, erfahren in der Kunst, den Schein des Guten vorzutäuschen, wenn diese Fehler, schon einmal umgebracht, wieder zum Leben kommen, ganz unerwartet auferstehen, wenn einige von ihnen eine solche Lebenskraft haben, daß sie, wie gewisse Formen des Eigenwillens, nie vollständig ertötet werden können, selbst nicht bei Heiligen — wenn alle diese „Wenns" wahr sind, so steht es sicherlich schlecht um uns, sofern das gründliche Nachdenken über unsere Fehler nicht eine der stetigsten, nachhaltigsten Beschäftigungen unseres geitlichen Lebens wäre. Ist es aber heute nicht Mode, so zu reden, als ob jedermann zu einer großen Weitherzigkeit berechtigt wäre? Die große Frage ist nur die, ob schließlich unser moderner Weg der richtige ist; sollte sich am Ende dieses Weges nicht die Himmelstüre finden lassen, so wäre die Lage überaus hoffnungslos.

Es ist so: Wir finden kaum jemanden, Mann oder Frau, auf der Welt, der nicht in seinem Herzen einen Winkel hätte, in den er sich nicht mit einem Leuchter hineintraut. Die Gründe hierfür mögen verschieden sein, so verschieden wie die einzelnen Seelen sind. Aber trotz dieser Verschiedenheit der Gründe ist diese Tatsache ganz allgemein. Es ist ein Instinkt, einer der raschen Instinkte der gefallenen Natur. Wir sagen uns selbst voraus, daß, falls wir in diesen dunklen Winkel des Selbst vordringen, etwas geschehen muß, das unserer Faulheit oder unserem Mangel an Abtötung peinlich wäre. Wenn wir dieses Heiligtum betreten, so ist es mit manchem Reiz angenehmer Andacht oder bequemen Lebens zu Ende. Wir werden uns einer sehr widerwärtigen Sache gegenübergestellt sehen, einer Sache, die uns vielleicht all die Unruhe und Last einer vollständigen inneren Umwälzung aufzwingt, oder die im anderen Falle in unserem

Gewissen große Unruhe zurückläßt. Wir sollten uns vielleicht etwas Höherem hingeben, als es unsere jetzige Art zu leben ist, und davon kann keine Rede sein. Die Religion, so wie sie ist, ist hoch genug. So lassen wir die Vorhänge vor diesem Winkel unseres Ichs; wir sperren ihn ab wie ein Zimmer, an dem unangenehme Erinnerungen haften, wir suchen ihn nicht auf wie eine Rumpelkammer. Wir sind uns bewußt, daß sich darin Unordnung und Schmutz aufhäuft, wir haben aber nicht den Willen und die Kraft, darin aufzuräumen. Glauben wir denn, daß Gott da nicht hinein kann, auch wenn wir Ihm nicht die Türe aufsperren, oder daß Er nichts dort sehen kann, auch wenn wir Ihm nicht das Licht halten?

*

Darin besteht der eine Teil der christlichen Einfalt: wahrhaftig, ernst, echt mit sich selbst zu sein. Der zweite besteht darin, wahrhaft, ernst und echt mit anderen zu sein. Um dies zu erreichen, müssen wir vor allem bei unseren Handlungen so wenig wie möglich Rücksicht auf das Urteil anderer nehmen. Es gibt ein Gutteil Eigenwilligkeit auf der Welt, aber sehr wenig echte Unabhängigkeit des Charakters. Jede Nachahmung anderer ist mehr oder weniger eine Unwahrhaftigkeit. Wir sind wir selbst und wir müssen dementsprechend handeln, uns selbst gleichsehen, uns selbst treu bleiben. Ach! Und wir sind oft Wetterfahnen, stellen fest und teilen es anderen mit, woher der Wind bläst. Wir haben keine eigenen festen Grundsätze. Das bringt uns in endlose kleinliche Unwahrhaftigkeiten. Wir machen den Eindruck von Heuchlern, ohne es zu sein; Schwäche sieht leicht wie Heuchelei aus. Niemand handelt natürlich, wenn er andere nachahmt; und niemand ist auf die Dauer mit anderen wahrhaftig, wenn er nicht natürlich mit anderen ist. Eine klar umrissene Persönlichkeit, selbst wenn sie Mängel hat, ist eine große, echte, kräftige, gesunde Wahrheit; sie hat eine eigentümliche, liebenswerte Neigung, sehr demütig zu sein, wie es Wahrheiten immer sind.

*

Wollen wir wahrhaftig zu anderen sein, so müssen wir es auch vermeiden, unsere eigenen Handlungen zu besprechen und zu erklären. Denn entweder müssen wir aus unserem Gespräch eine regelrechte Beichte machen oder wir geben ein unwahres Bild von uns. Nehmen wir einen Fall. Was gibt es alltäglicheres als zu sagen: „Ich versichere Ihnen, ich habe das oder jenes einzig aus diesem Grund getan." Nun wissen wir recht gut, daß wir seit unserer Geburt noch nie irgend eine Handlung *allein* aus einem einzigen Beweggrund heraus getan haben. So lassen wir ganz unbewußt eine sehr hohe, sehr seltene Gnade in uns vermuten, die nur wenige Heilige erlangt haben. Fast nie bespricht einer seine eigenen Handlungen oder erläutert seine Beweggründe, ohne dabei unwahr zu werden. Allein das Auslassen des Schlechten macht die Darlegung des Guten zur Unwahrheit. Der Mensch begibt sich in eine Lage, aus der er sich kaum ohne Schaden für seine Aufrichtigkeit und seine Einfalt wieder befreien kann. Es wollte ihn aber niemand in diese Lage bingen. Höchstens einmal in tausend Fällen muß der Mensch in den gewöhnlichen Lebenslagen von sich selbst sprechen. Niemand bedarf seiner Erläuterungen. Die Leute kümmern sich viel weniger um ihn, als er gerne glauben möchte. In Wirklichkeit steckt dahinter ausnehmende Eitelkeit, überhöhte Selbsteinschätzung, die Sucht nach Selbstverteidigung, das Gleichsetzen persönlichen Interesses mit der Ehre Gottes. Oder es ist sonst ein ähnlicher Unsinn menschlicher Kleinlichkeit, der ihn dazu bringt. Vermeide daher solche Gespräche, solche Erklärungen. „Je weniger gesprochen, um so schneller geflickt"[1] ist bei Gesprächen, die sich um das eigene Ich drehen, besonders wahr. Warum verteidigen sich

[1] Englisches Sprichwort

reservierte Menschen so gerne? Weil reservierte Menschen fast nie einfache Menschen sind und weil Selbstverteidigung, Selbsterläuterung unvermeidlich aus Mangel an Einfalt entstehen. Wir sollten drittens das eigene Ich möglichst wenig zum Gesprächsgegenstand machen, selbst in der weniger gefährlichen Form einfacher Erzählung. Auch hieraus entsteht Unwahrhaftigkeit und die Gefahr, Gnade zu verscherzen. Wir haben das Gefühl, in unserer eigenen wie in fremder Wertschätzung gesunken zu sein, und, was ernster ist, den Heiligen Geist betrübt zu haben. Das ist so unleugbar jedermanns Erfahrung, daß man nicht dabei zu verweilen braucht. Um anderen gegenüber wahrhaft zu sein, sollten wir es viertens vermeiden, Geheimnisse zu haben und noch mehr Hüter der Geheimnisse anderer zu werden. Niemand wird sich so leicht davon überzeugen lassen — im Gegenteil. Aber in jedem Fall muß die Wahrheit gesagt werden, selbst wenn es offenbar nutzlos ist: Geheimnisse sind nahezu die heillosesten Dinge in der Welt und vielleicht die überflüssigsten. Ein Geheimnis, einmal in Lauf gesetzt, nimmt seinen Weg durch die Welt und zieht dabei läßliche Sünde an sich, wie ein Schneeball im Rollen Schnee aufnimmt. Wie wenige Dinge müssen in Wirklichkeit Geheimnisse sein? Wie noch viel weniger müssen sie anderen anvertraut werden?

Wenn nicht eine klare Pflicht vorliegt, die dies heiligt, so hat der, der einem andern ein Geheimnis anvertraut hat, ihm eine Last aufgebürdet, ihn in Versuchung geführt, seiner kindlichen Geistesfreiheit geschadet, die Gegenwart Gottes in seiner Seele beeinträchtigt. Dies ist eine ernste Anklage. Das Selbstgefühl hüllt sich gar zu gerne in Geheimnisse. Jemandem ein Geheimnis mitteilen ist die feinste aller Schmeicheleien. Der Mitteilende und der Zuhörer wachsen beide in ihrer eigenen Schätzung und in der des anderen. Ein Geheimnis anvertrauen ist ein Geschehnis, das der eitlen Natur schmeichelt, obwohl es manchmal schwerwiegende und unangenehme Folgen nach sich zieht. Nun blick' auf dein vergangenes Leben; haben dich Geheimnisse, besonders die Geheimnisse anderer, nicht kleinlich, eng, feige, eingebildet, unwahr gemacht, dir deine Einfalt und die Gegenwart Gottes genommen? Verlaß dich darauf, nichts in der Welt wird dich so erfolgreich in Unwahrheit verstricken, als ein unnötiges Geheimnis. *Großzügige Menschen haben wenig Geheimnisse.*

Nicht zu übersehen ist, daß der Mangel an Wahrhaftigkeit mit anderen auf uns selbst zurückwirkt, er macht uns in Bezug auf unsere eigenen Motive und Anlagen blind. Wer andere täuscht, täuscht immer schließlich sich selbst.

So werden wir nie uns selbst gegenüber wahr, wenn wir nicht auch anderen gegenüber wahr sind.
Schließlich verlangt die Einfalt, daß wir wahrhaft mit Gott seien. Die Möglichkeit entgegengesetzen Handelns erschreckt uns. Aber leider ist solches nicht nur möglich, es ist häufig. Wir wissen, daß Gott uns völlig durchschaut. Wir wissen, daß alle Ausflüchte unserer jämmerlichen Falschheit in ihrer ganzen Häßlichkeit offen vor Ihm daliegen. Wir wissen, daß Sein Auge unaufhörlich auf uns ruht, uns ganz umfaßt, uns durchforscht, uns mit Seinem heiligen Blicke gleichsam durchglüht. Seine Vollkommenheit ist uns furchtbar nahe und überflutet uns mit einer unerträglichen Lichtfülle. Vor Seinem Auge gibt es kein Verheimlichen, nicht einmal einen mildernden Schatten oder eine Entfernung, die Härten abtönen oder Erbärmlichkeiten verschleiern könnte. Und trotz alledem bewirkt es die Gnade nur mit Mühe und nur selten, daß wir ganz ehrlich mit Gott sind. Oh, mit wie zweifelsfreiem Glauben müssen wir an unsere eigene Unwahrhaftigkeit glauben, wenn wir sie auch nur im geringsten als Schutz gegen die Allwissenheit des allgegenwärtigen Gottes empfinden!
Wir nehmen uns Freiheiten Ihm gegenüber heraus, weil uns heilige Gottesfurcht fehlt. Durch

unvorbereitete Bittgebete, durch nachlässigen Sakramentenempfang, durch flüchtige Gewissenserforschungen, zerstreute Betrachtungen, durch Mangel an äußerer Haltung und innerer Sammlung, dadurch, daß wir Ihm andere Dinge vorziehen, betragen wir uns ungebührlich im Angesichte Seiner unendlichen Majestät. Wir suchen unseren Mangel kindlichen Vertrauens vor Ihm zu verbergen. Wir wissen es, wie töricht der Versuch ist. Wir sind uns bewußt, daß wir uns vor Ihm nicht verstecken können; aber wir behalten dies Wissen für uns und lassen es im täglichen Leben nicht an die Oberfläche kommen. Wir sind entschlossen, die Vorstellung Seiner furchtbaren Größe, Seiner überwältigenden Heiligkeit oder Seiner unmittelbaren Nähe uns nicht in Fleisch und Blut übergehen zu lassen; und so verüben wir zahlreiche kleine Betrügereien und behandeln Ihn nicht als *den Gott,* an den wir wirklich glauben. Es ist ein ärgerniserregender Gedanke, unaufrichtig mit Gott zu sein; und doch sind wir es alle in erschrecklichem Ausmaße. Gott stehe uns bei! Wir leben in einer Welt voll der verwirrendsten, verwickeltesten Unwahrhaftigkeiten, und doch soll es unsere ewige Seligkeit sein, im Glanze der unaussprechlichen Wahrheit hüllenlos dazustehen, erfahrend, daß es in Ewigkeit kein Verheimlichen mehr für uns geben kann.

II.

DIE QUELLEN DER SELBSTTÄUSCHUNG

Wir haben gesehen, was christliche Einfalt erfordert. Nunmehr müssen wir nach den Quellen der Selbsttäuschung forschen.
Es sind insgesamt vier:

die Seltenheit verläßlicher Selbstkenntnis,
die Fähigkeit des eigenen Ich, sich selbst zu betrügen,
das eigene Ich, das sich von anderen täuschen läßt,
das eigene Ich, das vom Satan betrogen wird.

*

Es ist nicht zu verwundern, daß zuverlässige Selbstkenntnis selten ist; es bemühen sich ja so wenige darum. Wenige nur haben ein aufrichtiges Verlangen danach. Nur ein kleiner Teil der Menschheit wünscht sich schmerzliche Dinge, seien sie auch noch so heilsam. Es ist kaum zu fassen, wie wenig Ehrlichkeit selbst fromme

Leute in geistlichen Dingen haben. Viele nehmen es ernst mit dem Wunsche, der Hölle zu entkommen, sehr wenige aber mit dem Wunsche, in der Gnade zu wachsen oder Gott zu gefallen. Vielleicht wirst du im Lauf eines fünfzigjährigen Lebens drei Menschen begegnen, die Gott vor allem anderen im Auge haben, und dann bist du noch gut daran. Und doch erhebt jeder darauf Anspruch, daß er Gott allen anderen Dingen vorziehe. In welch einer Unsumme von ungesunden Täuschungen erscheint dann die eigene fromme Welt! Und dieser Schein trügt nicht einmal. Übernatürlicher Formelkram, der sich im Unwesentlichen erschöpft, nach außen, natürliche, irdische Grundsätze im Innern mit dem Ziel, das geistige Leben sich behaglich und bequem zu machen, und womöglich sich dabei nicht wehe zu tun. Also am Wesentlichen vorbei, in Selbstgefälligkeit und Eigenwilligkeit den leichten und bequemen Weg gehen. Wie wenige Menschen kennen sich selbst! So manches, was sie für ein Werk der Gnade halten, ist lediglich das Ergebnis günstiger Umstände, die die Vorsehung so herbeigeführt hat. Es hat zum Beispiel jemand einen berechtigten Abscheu von Weltlichkeit, und er meint, ja dankt vielleicht Gott dafür, daß er keinerlei Neigung dazu habe. Er hat zwar manches Böse an sich, er ist sich dessen auch bewußt, aber weltlich, nein, das ist er nicht. Ändern sich nun seine Verhältnisse — er wird reich oder er kommt in eine andere Umgebung, oder seine Gesundheit bessert sich und er kann jetzt Dinge tun, die er früher unterlassen mußte — und sieh da! Er entdeckt, daß er weltlich *ist*, nicht etwa sich dazu *entwickelt* hat oder unter Versuchungen weltlich *wurde;* er ist weltlich ohne jede Veränderung, mit einer bereits auf Lager liegenden Weltlichkeit, die er schon immer im Herzen hatte. Niemand kann sich während eines Ohnmachtsanfalls ärgern: so konnte sich seine Weltlichkeit in seinen alten Verhältnissen nicht entwickeln. Doch war sie da. Hunderte sind durchaus weltlich, weltlich bis in die Knochen, und schmeicheln sich dabei in der Meinung, daß sie an der Welt keinen Geschmack finden. Tatsächlich wissen wir nur wenig über uns selbst und über die nahezu unerschöpflichen Möglichkeiten zum Bösen, die in der Seele verschlossen liegen. Gibt uns das Leben nicht fortwährend peinliche Aufschlüsse über uns selbst? Wäre es weise, ihnen auszuweichen, weil sie beunruhigen? Diese uns gegebenen Aufschlüsse werden doch so viel für uns am Tage des Gerichtes bedeuten! Ein geistliches Leben ohne ein gewisses Maß von Unruhe ist überhaupt kein geistliches Leben. Es ist nur eine wohlige abergläubische Form von Eigenliebe. Nun stell' dir ein geistli-

ches System vor, das für jedermann leicht und bequem ist, das das Fernhalten von Unannehmlichkeiten zu seinem Grundsatz macht. Ein solches System wäre lächerlich; ja, es ist in sich lächerlich; aber leider können wir darüber nicht lachen, weil es eine so furchtbar ernste Sache ist, wenn eine Seele im Gericht verlorengeht.
Es ist nun äußerst wichtig, festzuhalten, daß für gute Menschen das Bollwerk ihrer Weltlichkeit der Mangel an zuverlässiger Selbstkenntnis ist. Sie haben die richtige Ansicht von Weltlichkeit und auch ihr Herz ist so ziemlich in der richtigen Verfassung. Sie wollen womöglich nicht weltlich sein. Vielleicht sind sie nicht bereit, die Selbstverleugnung so weit zu treiben, als es ratsam wäre. Immerhin sind sie bereit, ein Stück Weges zu gehen, und dies ist gut. Und doch sind sie weltlich oder sie werden weltlich durch den Mangel an Selbsterkenntnis. Was die Tatsache anlangt, so steht sie wohl außer Frage. Ist es nicht das ständige Ärgernis für die Welt, dieses eigenartige Gemisch von Weltsinn und Frömmigkeit, das unter augenscheinlich frommen Leuten so verbreitet ist. Ein Ärgernis, da die Welt, die die Sache nicht genau untersucht, es für ganz allgemein erklärt. Wir pflegen, zum Beispiel, das Gebet, und doch gehen wir nach jeder Mode, auch wenn sie schamlos ist. Wir versuchen im Geist der Demut zu leben und doch

sind wir verschwenderisch und anspruchsvoll und haben für einfache, arme Leute nicht viel übrig. Wir nehmen teil an Gottesdiensten und doch besuchen wir auch zwielichtige Lokale und Zusammenkünfte; wir besehen uns anstößige Theaterstücke, Kinos und Fernsehstücke. Wir bemühen uns, die christliche Nächstenliebe auszuüben an unseren Mitmenschen, und doch sind wir in unserem Gewinnstreben hart und brutal, was mit der christlichen Liebe nicht zu vereinbaren ist. Ob wir durch solches Verhalten Ärgernis geben oder ob die Welt daran Ärgernis nimmt, ist hier ohne Bedeutung. Tatsache ist, daß ein Ärgernis vorliegt. Und der Grund für diese Tatsache liegt im Mangel zuverlässiger Selbstkenntnis — Weltlichkeit besteht in einer unendlichen Zahl zulässiger Einzelheiten, die in etwas Unzulässigem enden. Das kommt zum Teil von ihrer Zusammenhäufung, zum Teil von der Macht, mit der die Einzelheiten uns gefangennehmen. Dinge, die an sich nicht unrecht sind, werden unrecht, wenn sie sich zwischen uns und Gott stellen, unsagbar unrecht, wenn sie sich Gottes Platz in unserem Herzen widerrechtlich aneignen. Wir erkennen die tatsächliche Bosheit der einzelnen Dinge, die den Weltsinn ausmachen, nicht, weil wir uns nicht wirklich kennen; so sind wir nicht in der Lage, der schlimmen oder auch nur der besonderen Wirkungen inne zu werden, die für uns das eine oder andere erlaubte Vergnügen unratsam oder, in einem größeren Maße genossen, zu wahrem Gifte machen. Bei der Analyse der Weltlichkeit haben wir es mit Fragen nach der Art und mit Fragen nach dem Grade zu tun. Ein sicheres Urteil nach der einen oder der anderen Seite hin ist ohne Selbsterkenntnis unmöglich. Kurz gesagt, die geheime Kraft der Weltlichkeit liegt in unserer Unkenntnis über uns selbst; freilich ist sie nicht ahnungslose Unkenntnis, sondern Unkenntnis mit schlechtem Gewissen, das wir nicht zwingen wollen, die harte Nuß der Selbsterkenntnis zu knacken. Alle übernatürlichen Grundsätze, alle religiöse Männlichkeit beruhen auf echter, verläßlicher Selbsterkenntnis. Gestatte diesem Gedanken sein Werk in deiner Seele zu tun; du wirst sehen, welche Veränderung er mit sich bringt!

*

Die zweite Quelle der Selbsttäuschung ist das eigene Ich, das sich selbst betrügt. So manche Ursache führt zu diesem traurigen Ergebnis. Die Eitelkeit ist eine der verbreitetsten. Wir alle überschätzen uns auf die törichteste Weise. Das Quecksilber steht gewöhnlich zu hoch in uns und zeigt falsch, wenn die Gnade es nicht mit Gewalt hinunterdrückt. Selbst wenn wir zu viel gesunden Menschenverstand haben, über unsere Handlungen zu sprechen, so machen wir doch innerlich in einseitigster Weise einen Kommentar dazu, und oft mit einer erfinderischen, weithergeholten Parteilichkeit. Wir verlieben uns so in unsere Pläne, daß wir es kaum mehr glauben können, daß außerhalb unseres Einflußbereiches etwas zur Ehre Gottes geschehen kann, es sei denn in ganz weit entlegenen Sphären. Nahe an den Grenzen unseres Wirkungskreises macht man nur Dummheiten; dort sollte überhaupt niemand sich betätigen. Wir sind dazu berufen, solch fremde Wirkungskreise aufzusaugen. Für unsere eitle Selbstliebe ist nichts zu verstiegen. Sie erkennt die Verstiegenheit nicht, wenn sie sie auch sieht. Wie in einigen orientalischen Sprachen sind die gewöhnlichsten Äußerungen der Eigenliebe Übertreibungen. Wir alle würden uns durch unsere Eitelkeit der allgemeinen Lächerlichkeit preisgeben, wenn uns drei Dinge nicht davon abhielten: In erster Linie retten sich manche von uns vor der Lächerlichkeit durch Weltkenntnis, die unablässig den guten Kampf gegen die Wahnwitzigkeiten des lieben Ich kämpft. In zweiter Linie werden viele davor bewahrt, sich lächerlich zu machen, weil sie eine Neigung zu Humor und ein starkes Gefühl für das Lächerliche haben. Zum Dritten hält die Gnade manche davon ab, indem sie sie anleitet, diese ungeordneten Wallungen von Selbstgefühl in sich zum Schweigen zu bringen; diese hätten sie sonst der Verachtung der anderen preisgegeben; freilich soll man solche Gefühle nicht aus *diesem* Grunde niederhalten. Ein ehrlicher humorvoller Sinn für das Lächerliche ist eine starke Hilfe für das Heiligwerden. Vielleicht kann die Natur der Gnade keine bessere zur Verfügung stellen.

Dann wieder täuschen wir uns, indem wir uns in Gedanken über uns selbst aufhalten; das eigene Ich sieht sich naturgemäß oder auf Grund eines Naturgesetzes immer falsch. Die Mutter, die ihr Kind liebt, sieht kein Fehl an ihm. In ihren Augen ist das häßlichste Geschöpf reizend. Aber das Ich, das sich selbst hätschelt — damit läßt sich selbst die verliebteste Mutter nicht vergleichen.

Über sich selbst nachzugrübeln ist eine Art geistlicher Opiumesserei. Es kommen nur Phantasiegebilde zustande. Dieses Über-sich-selbst-Nachgrübeln führt uns auf einen neuen Weg zur Selbsttäuschung und zwar dadurch, daß wir, fast ohne es zu merken, Gefühle mit Wirklichkeiten, fromme Wünsche mit Leistungen verwechseln. Mit anderen Worten, die Selbstliebe versteht es mit viel Geschick, ihr Ideal und seine Verwirklichung ineinander übergehen zu lassen, so daß niemand wissen soll, was Theorie, was Praxis ist, ja das eigene Ich soll nicht, wenigstens nicht mit Sicherheit, in der Lage sein, die zwei voneinander zu unterscheiden. Viele Seelen leben in solchem weißschimmernden Nebel und kommen erst bei der Landung jenseits des Grabes ins wahre Licht.

Weiter betrügen wir uns auch dadurch, daß wir das, was offenkundig unrecht ist, beschönigen. Ein fortlaufender Kommentar heimlicher Selbstentschuldigung geht uns durch den Kopf. Wir geben zu, daß gewisse Handlungen, eher noch gewisse Unterlassungen unrecht sind. Aber wir meinen, daß unsere Verhältnisse ganz besonders liegen, wodurch diese Handlungen und Unterlassungen weniger unrecht bei *uns* sind als sie es bei *anderen* wären. Manchmal hat unser Temperament die Schuld, mal unsere Gesundheit, unsere Stellung, manchmal sind wir so schwer gereizt worden. Wir begnügen uns dann mit einer gar leichten Rüge, wir sind der Ansicht, daß die guten Seiten unseres Charakters gleichsam auf der anderen Seite unseres Wesens liegen und daß dieses eine Versagen unglücklicherweise eben die öde oder schwache Seite unseres Charakters beleuchtet; — und wessen Charakter ist ganz ausgeglichen? So denken wir zum Trost an die gegenüberliegenden besseren Seiten. Diese Methode der Selbsttäuschung ist der Praxis, nämlich eine genauere

Bekanntschaft mit unseren fadenscheinigen Motiven aufzuschieben, verwandt. Im Augenblick haben wir viel zu tun; und es ist im geistlichen Leben immer unklug, sich mehr vorzunehmen, als man leisten kann. Wir haben genug ofenkundige Fehler zu bekämpfen, so eilt es nicht so sehr mit einer gründlicheren Selbstprüfung. Es kommt mir ähnlich vor, wie wenn einer sagte, er habe so viel zu schreiben, daß er wirklich nicht Zeit habe auszugehen, um Papier und Bleistift zu kaufen. Das Resultat all dieser verschiedenen Arten von Selbsttäuschung ist geistige Blindheit, die leider noch dabei meint, daß sie sieht.

Die dritte Quelle der Selbsttäuschung besteht darin, daß man sich selbst von außen her durch Dinge oder Personen täuschen läßt. Es ist nicht immer leicht, diesen Vorgang der Selbsttäuschung durch das eigene Ich zu unterscheiden; aber es besteht ein Unterschied. Wenn wir auf Lob ausgehen oder doch unmißverständlich uns darin sonnen, so lassen wir uns durch andere täuschen, oft ohne deren Schuld. Wir sind mindestens doppelt so lobsüchtig, als wir es wahr haben wollen. Diese Gier nach Lob ist selbst in den Demütigsten unter uns noch unbegreiflich stark. Wir leben in Gebet und Sakramenten, und doch brennen wir dabei auf Lob. Bei wem ist dies nicht der Fall? Die ernstesten, schlauesten, hochtrabendsten Männer werden geschmeidig und mitteilsam in glattem, gönnerhaftem Wohlwollen, wenn sie der Sirenenhauch des Lobes streift; sie schwellen wie die sommerliche See bei einem sanften Südwind. Kalte Menschen tauen bei demselben Vorgang mit unterhaltlich widerwilliger Bereitschaft auf, und Würde steigt unter der unwiderstehlichen Anziehung des Lobes bis zur Scherzhaftigkeit herab. Schweigsame Menschen aber sind die Hauptfreunde des Lobes. Sie gehören zu den Wiederkäuern; das eigene Ich ist das Futter, das sie wiederkäuen, und merkwürdigerweise finden sie es nicht geschmacklos. Wie durstige Kamele in der Wüste das schmutzigste Wasser mit Wonne trinken, so bekümmern auch wir uns fast gar nicht um die Qualität des Lobes. Es mag so albern, so unverdient, so übertrieben wie immer sein, es mag aus weiblicher oder kindlicher Unfähigkeit richtiger Schätzung stammen, weise und ernste Menschen trinken es hinunter. Wir bewerten es, wir geben ihm eine Bedeutung, wir nähern uns mit seinen Brosamen auf eine Art, die uns tief beschämen sollte. Was wir verlangen, ist nur, daß gewisse Regeln des guten Geschmackes von denen eingehalten werden, die uns erwachsenen Säuglingen diesen Löffel voll Süßigkeit eingeben. Diese Regeln sind je nach dem Nationalcharakter verschieden. Ein Irländer will anders gelobt werden als ein Engländer, und ein Amerikaner und ein Franzose anders wie die beiden ersteren und jeder auf seine besondere Art. Aber Lob müssen wir haben; sonst sind wir schlechter Laune. Affen können ernste Gesichter machen, wenn sie einander krauen. Es sind eben Affen. Wir sind Menschen, vernunftbegabte Menschen. Wie kommt es, daß wir über etwas, das in Wirklichkeit so unsinnig ist, nicht lächeln? — Weil wir uns nicht kennen. Wer hat je einen besonderen Liebhaber von Lobeserhebungen gekannt, der sich nicht für ausnehmend erhaben über die öffentliche Meinung dünkte? Wer hat einen Mann gekannt, der mit seiner Unabhängigkeit vom Urteile der anderen prahlte, der nicht zugleich liebedinerisch, gemein, empfindlich, kriecherisch, falsch und eitel war? Ja, eigentlich *sind wir* Affen und werden nur zu Menschen, wenn wir einsehen, daß wir noch nicht Menschen sind.

Wir bringen andere dazu, uns zu täuschen durch die Art, wie wir mit ihnen von uns selbst sprechen. Dies gilt besonders von frommen Gesprächen und von allem Gerede über unseren Charakter, unsere Eigenart. Hier gibt es nur eine Alternative: Wir müssen entweder unser inneres Leben viel mehr geheim halten als wir es tun, oder wir sollten es viel schrankenloser offenbaren. Der Mittelweg bedeutet in Wirklichkeit Lügen. Das Richtige ist, überhaupt nicht über sich selbst zu sprechen. Sich selbst besprechen ist schlecht und gemein. Doch gibt es kaum eine schwierigere Übung christlicher Vollkommenheit als solches Gerede zu unterlassen. Wenn wir je uns wirklich bemüht haben, unseren Mund in bezug auf uns selbst für eine beträchtliche Zeitspanne zu halten, so haben wir entdeckt, daß es Dinge gibt, die leicht aussehen und doch ans Unmögliche grenzen. Wenn wir aber über uns selbst reden, dann sollten wir viel mehr sagen, als wir es tun. Wenn wir den Leuten erzählen, wie unser Herz sich an der Gottesliebe erwärmt, so sollten wir ihnen auch sagen, wie dieses selbe Herz sich an einem feinen Bissen, an einem guten Tropfen erlabt. Machen wir unsere Gebetsübungen bekannt, so sollten wir mit unserer Anhänglichkeit an hübschen Möbeln und gut sitzenden Kleidern nicht hinter dem Berge halten. Wenn wir davon sprechen, wie viel Zeit und Geld wir auf Krankenbesuch und für Notleidende verwenden, so sollten wir auch sagen, wie egoistisch und rücksichtslos wir gegen unsere Mitmenschen hinsichtlich ihrer Gesundheit, Behaglichkeit, persönlichen Gefühle und dergleichen sind. Wenn wir unsere guten Seiten veröffentlichen, so sollten wir auch unsere schlechten der Öffentlichkeit zugänglich machen; sonst sagen wir eine tatsächliche Unwahrheit; wir machen die Leute glauben, daß wir viel edler sind als in Wirklichkeit, wir veranlassen sie so, uns Lob, Ehrerbietung und Bewunderung zu zollen; und das bedeutet Selbstbetrug in höchster Form.

Ach, der Götzendienst häuslicher Zuneigungen ist eine weitere Art, uns durch andere täuschen zu lassen. Jedermann wird in seiner Familie für gar so gut gehalten. Man muß recht schlecht sein, wenn einem die Ehren dieser häuslichen Heiligsprechung vorenthalten werden sollen. Man lebt wie in einer Luft voll übersüßen Weihrauchs. Das Gewissen wird dadurch halb betäubt. Dies gehört zu den Hauptgenüssen unserer armen eingebildeten Natur. *Gemäß einer Grundregel des geistlichen Lebens sollte jedermann in seinen eigenen Augen das sein, was er in den Augen Gottes ist, nichts mehr.* Es gibt aber wenige Frauen, und noch weniger Männer, die in ihren eigenen Augen nicht das sind, was sie in den Augen ihrer Familie sind. Noch dazu steht zu befürchten, daß Gottes Standpunkt sich vom Familienstandpunkt in den meisten Fällen sehr unterscheidet. Im Kreise unserer Familie geraten wir in eine Art glücklichen Optimismus, der erstaunlicherweise von seiner Unsinnigkeit keine Ahnung hat. Wir lächeln mit Recht über gewisse Grabmäler. Auf ihnen ist manchmal sehr Merkwürdiges berichtet. Aber schließlich eröffnet die sonderbare Inschrift der kritischen Welt tatsächlich nur das allgemeine Familienurteil über ein Familienmitglied. Wenn wir dann den häuslichen Kreis verlassen, den Lob, Übertreibung, Blindheit und Liebkosung uns zu einem warmen Neste machen, dann empfinden wir die Gegenwart Gottes als einen kalten schneidenden Ostwind, gegen den nicht Pelz noch Decken genügenden Schutz bieten. Wie mancher Ruf zur Heiligkeit bleibt unbeantwortet, wieviele Seelen werden entmannt, wie viel Hohes herabgezogen durch die lieben Verweichlichungen, die erfinderischen Schmeicheleien der häuslichen Bewunderung und des Familienkultes! Die Wahrheit hat keinen ärgeren Feind als diesen gar süßen, verführerischen Betrug. Es wundert uns nicht, daß die Heiligen als unverzeihlich jene Täuschung behandelt haben, die uns als die allerverzeihlichste erscheint, weil sie so liebenswürdig ist — die gefälligen, beruhigenden Schmeicheleien des eigenen Heimes.

Auch geistliche Bücher sind äußere Dinge, die uns unecht machen können. Der Mensch kann kein festeres Gewebe von Selbsttäuschung um sich selbst spinnen, als wenn er gewohnheitsmäßig geistliche Bücher *über* seiner geistlichen Höhenlage liest, oder solche, die für seine tatsächlichen Verhältnisse nicht passen. Gewöhnliches Gebetsleben scheint *dem* außergewöhnlich, der ständig Bücher über mystische Theologie liest. Besonders Konvertiten halten gewöhnliche Gnaden so leicht für ungewöhnliche. Mystische Theologie wird häufiger zu einem Trug als die meisten anderen ernst zu nehmenden Dinge. Wenn wir in einem fort von reiner, uneigennütziger Gottesliebe lesen, so kommen wir unschwer dazu, unsere Liebe dafür zu halten. Heldenhafte Gedanken sind ansteckend; bald sind wir übervoll davon. Aber sie versagen den Dienst für heldenhaftes Tun. Sie geben, wenn wir keine wirkliche Anstrengung machen, ihnen gemäß zu handeln, unserer Religiosität nur eine sentimentale Note. Wenn uns ein geistliches Buch nicht demütigt und niederhält, so bläht es uns sicherlich auf und macht uns unwahr. Seine Theorie steigt uns zu Kopf, so daß wir Tollheiten begehen. Wer die landläufigen einfachen geistlichen Bücher langweilig und eindruckslos findet, hat guten Grund, seinen religiösen Zustand mit Argwohn zu betrachten. Darüber mag er sich im klaren sein, daß nämlich seine Langeweile bei gewöhnlichen Büchern dafür spricht, daß er hohen nicht gewachsen ist.

Wir lassen uns auch dadurch von außen her täuschen, daß wir dort Führung suchen, wo wir am wenigsten Widerspruch erwarten. Daß ehrliche Herzen gar so unehrlich sein können, ist ein Geheimnis, dem wir bei jeder Wegbiegung im geistlichen Leben begegnen; und hier liegt eines der abschreckendsten Beispiele vor. Die Kirche verpflichtet uns nicht, geistliche Führer zu haben. Sie verlangt nicht mehr als die sakramentale Beichte von uns. Wenn wir uns einem Leiter unterstellen, geschieht es aus eigenster Entschließung. Wir tun es, um einen geistlichen Vorteil davon zu haben. Sollte es wirklich jemand geben, der sich in ein ganzes System von Unaufrichtigkeit verstrickte, es geschehen ließe, daß er sich fast rettungslos in dem sumpfigen Moor der Selbsttäuschung verlöre, und dabei wohl wüßte, daß seine Absichten nicht gottselig, seine Beweggründe nicht die richtigen sind? Und doch kommt es vor. Man sucht geistliche Leitung, teils um sich täuschen zu lassen, teils aus Angst, aus seiner Selbsttäuschung aufgeweckt zu werden. Man sieht sich um. Man wählt den Mann, der am wenigsten selbstständig oder durchgreifend im Urteil ist, und übergibt ihm die geistliche Leitung. Man will einen geistlichen Vater haben, der einen in Ruhe läßt, der kaum je die Initiative ergreift, dessen Führung sich auf Worte beschränkt, lediglich passiv ist, dessen Joch in äußeren Übungen, nicht so sehr in innerlicher Gewissenhaftigkeit besteht, der eher zur Vorsicht mahnt als anspornt, der eher zurückhält als vorwärts treibt. Und doch! Gibt

es jemand, der mit Seelen irgendwie zu tun hatte, und der das Glück hatte, unter tausend eine zu finden, die zurückgehalten werden mußte? Wenn uns nun die Kirche zwänge, einen geistlichen Führer zu haben, so wäre es ganz verständlich, wenn wir in unserer pfiffigen Verderbtheit nach einem ehrwürdigen greisen König Log[1] Ausschau hielten und ihn über uns setzten; da aber die Sache in unser freies Belieben gestellt ist, so ist doch erstaunlich, daß wir uns um so wenig befriedigende Ergebnisse so viel Mühen geben.
Wie aber behandeln wir unseren geistlichen Leiter, wenn wir einmal unsere Auswahl getroffen haben? Lassen wir ihm freies Spiel? Eher sollte ich sagen: Lassen wir unserer eigenen armen Seele freies Spiel mit ihm? Können wir uns einer einzigen an ihn gerichteten Frage entsinnen, die vollständig ehrlich, vollständig aufrichtig war? Haben wir nicht immer noch ein weiteres Ziel im Auge gehabt, da wir eine solche Frage aufgeworfen, in Worte gekleidet, unterstrichen haben? Waren wir nicht schon halb entschlossen, bevor wir unseren Führer befragten, und war unser Zweck nicht eher, einen Bescheid zu erhalten, wie wir ihn wünschten, als sein ruhiges, leidenschaftsloses, unbeeinflußtes Urteil zu er-

[1] Gestalt aus dem englischen Märchen

fahren? All dies ist Tollheit, wenn man an Gott, an die Seele, an die Ewigkeit denkt. In dieser Zeit der großen Skandale hören wir immer wieder von gefärbten Rechenschaftsberichten. Ich wüßte nun nicht, wie man sich anstellt, weil ich von Buchführung überhaupt nichts verstehe, aber ich habe den starken Verdacht, daß wir unsere Darlegungen unserem geistlichen Leiter gegenüber färben.

Bin ich bitter und beißend? Wenn ja, so versichere ich euch, daß ich es mit viel Liebe, mit der ernstesten Absicht bin. Mir ist, als wollte ich euch etwas Gutes tun und käme nicht an euch heran, als wäre ein wehender Schleier von Spinnweben zwischen euren Seelen und meiner Hand, als wiche er, wenn ich zuschlage, als flatterte er umher und käme mir in die Augen und ich könnte ihn nicht zerreißen. Das ist ärgerlich; und ich weiß nicht, wie weit ich ernst bleiben kann, ohne dabei zornig zu werden. So habt von jetzt ab mit meiner kindischen Art Geduld! Vielleicht sage ich doch etwas Treffendes, das, ernst gesagt, weniger treffend wäre. Mir liegt alles daran, mit euch nach meinem Kopf verfahren zu dürfen. Es würde euch etwas näher zu Gott bringen. Ärgert euch nicht über die leichtfertige Art, mit der ich es tue! Oder vielleicht ist es doch gut, wenn ihr euch ein bißchen ärgert. Sicherlich kann ich euch zum Nachdenken bringen, wenn ich euch einigermaßen aus eurer Ruhe bringe. Ihr seid jetzt ungehalten über das, was ich von euren Beziehungen zu eurem geistlichen Führer gesagt habe. Es ist ein wunder Punkt. Und gerade, daß es ein wunder Punkt ist, hat euch ärgerlich gemacht. Ihr wißt recht gut, daß eure geistliche Leitung durch eure Unaufrichtigkeit mit eurem Seelenleiter nicht viel anders ist als eine Komödie. Besser wäre es, die meisten von euch hätten keinen Seelenführer, als daß sie den ihrigen so geschickt selber führten.

*

Vom geistlichen Führer gehe ich zum Teufel über. Vielleicht ist es ein etwas plötzlicher Übergang; wenn wir es aber recht bedenken, ist dieser Übergang nicht so plötzlich. Wenn die Selbsttäuschung sich an geistlichen Leckerbissen weidet, kann der Böse nie sehr weit sein. Das bringt uns zum nächsten Punkt: das eigene Ich vom Satan getäuscht. Es brauchte eine eigene Abhandlung, um nach Recht und Gerechtigkeit die Schuld zwischen dem Ich und dem Satan zu verteilen; dieser Teil der Frage soll also nicht berührt werden. Der Satan betrügt vielfach, so vielfach, daß wir es jetzt nicht aufzählen können. Er betrügt uns, indem er gute Menschen anreizt, uns in übertriebener Weise zu loben. Diese Guten tun es im Überschwang natürlicher Freundlichkeit oder unter dem Antrieb ihrer Nächstenliebe oder in demütiger Selbstmißachtung. Wie wenig ahnen sie, was sie anrichten! Lobt andere so wenig, als es sich mit der Güte verträgt; nie setzt ihr euch so der Gefahr aus, Teufelsdienst an ihnen zu tun, als wenn ihr sie lobt. Doch manchmal muß man andere loben. Wir können Lob nicht ganz entbehren. Eitelkeit ist als Gesetz der geistigen und sittlichen Welt ebenso allgemein, als es die Schwerkraft in der stofflichen ist. Wir alle sterben ohne Lob an Entkräftung. Es ist eines der Gase, die zur Tätigkeit erforderlich sind; etwas davon brauchen wir, je weniger, um so besser.

Der Satan hat auch noch eine andere, viel gefährlichere Methode: Er kann eigenartige Dünste in unserer Seele aufsteigen lassen, die unser Ich in Unordnung bringen, ihm eine andere Färbung geben. Wie er es anstellt, weiß ich nicht; daß er es tut, ist Tatsache. Ich vermute stark, daß er es nicht zustande brächte, wenn wir ihm nicht auf irgend eine Art in die Hände spielten und ihn mit Material versorgten. Die Folgen dieses Nebels sind furchtbar. Die Entfernungen werden unklar, die Umrisse wachsen, Licht wird abgeblendet, Dunkel wird erhellt, was verborgen bleiben sollte, tritt in Erscheinung, was gesehen werden sollte, bleibt verborgen, eine vollständige Fata Morgana! Ein peinliches Thema! Ihr kennt es nur zu gut. Ich müßte sehr viel darüber sagen oder sehr wenig. Da ich nicht das Herz habe, viel darüber zu reden, so begnüge ich mich hiermit.

Eine andere seiner Tücken besteht darin, uns mit unangemessenen, unzeitgemäßen Bestrebungen zu erfüllen: unangemessen, weil sie ohne jedes Verhältnis zu unserer Gnade stehen, unzeitgemäß, weil sie zu unserem jetzigen Zustand gar nicht passen. Sonderbar! Zwischen Natur und Gnade besteht eine Verwandtschaft. So kommt es, daß gewisse Formen der Heiligkeit dem einen fast angeboren sind, seinen Anlagen entsprechen, die guten Seiten seines Charakters hervortreten lassen, die Natur eher veredeln als ersetzen. Andere Formen der Heiligkeit scheinen in gewissen Seelen eine geheime Verwandtschaft mit Bösem zu haben. Bei ihnen streifen sie an Versuchungen. Sie lassen die schwachen Punkte in der Seele unbewacht und entwickeln das, was eher niedergehalten werden sollte. Sie sind für andere Seelen bestimmt, nicht für diese. Gottes Werk ist aber überall ein Werk der Ordnung; der Teufel kommt also auf seine Rechnung, wenn er diese Ordnung stört; er kann dies im geistlichen Leben nicht wirksamer tun, als wenn er fromme Leute mit unangemessenen, unzeitgemäßen Bestrebungen erfüllt.

Und wie lockt uns der Teufel noch über bloße Bestrebungen hinaus! Er verstrickt uns in unangemessene gute Werke. Fast möchte man dem eine Sünde vorziehen! Bitte, das „fast" nicht zu übersehen. Nichts hält uns so von Gott ab wie ein unpassendes gutes Werk. Es bietet alles, was in uns nur gut und selbstlos ist, gegen Gott auf. Bring eine tätige Seele zur Beschaulichkeit, es wird entweder Schwermut oder Weltlichkeit die Folge sein. Laß eine beschauliche Seele in Tätigkeit untertauchen, und du wirst Melancholie oder Täuschung erzielen. Leite jemand, der zu Hause sich nützlich machen oder in den Dachkammern der Armen wirtschaften sollte, zu viel innerlichem Gebete an, du trägst die Verantwortung für ein selbstgerechtes, aufgeblasenes Zerrbild innerer Heiligkeit, das einen Engel aus der Fassung bringen könnte. Beschäftige eine Seele, die mit Gott allein sein sollte, in Spitälern, mit Damenkomitees; du wirst zwar nicht so viel Unheil anrichten wie im vorhergehenden Falle; aber du wirst die Seele ihrer eigentlichen Bestimmung entfremden, ihr Heil aufs Spiel setzen und mittelbar gar manchen wohltätigen Plan zunichte machen.
Der Feind unserer Seele treibt uns auch immer zur Hast an. Das ist das allerverhängnisvollste. Sind einige von euch einst anders gewesen? Vermißt ihr schmerzlich eine Zartheit des Gewis-

sens, das nunmehr hart und abgebrüht ist, klagt ihr über einen erloschenen, aschebedeckten Herd, wo früher die Flammen göttlicher Liebe loderten, über eine Gottesnähe, die sich zurückgezogen hat, wie das verebbende Meer über hunderte großer Gnaden, die vormals zum Greifen waren, jetzt nur mehr leere Worte sind? Wenn dem so ist, hat nicht Hast zum großen Teil dies Unheil angerichtet? In der Geschichte der aszetischen Theologie gibt es wenige so hervorragende Männer wie den heiligen Franz von Sales[1]. Er bedeutet eine Art französischer Revolution auf dem Gebiet des inneren Lebens. Woher er all seine Überlieferungen hatte, ist schwer festzustellen. Viele kamen bekanntlich vom heiligen Philippus Neri her. Aber die Verbindung, die zwischen der modernen Gesellschaft und seinen Neuerungen besteht, ist sehr auffallend. Wir sehen genau, zu welchem Ende er erweckt ward, welcher Lehre Apostel er wurde. Er hat als aszetischer Schriftsteller eine Ursprünglichkeit, die wohl beachtet zu werden verdient. Aber nichts, das er uns zu lehren gesandt war, ist bemerkenswerter als die Lehre, daß Bedachtsamkeit pflichtmäßig und weise ist. Er lehrt wie einer, der von Gott kommt, gibt

[1]Fr. v. Sales, Bischof von Genf und Kirchenlehrer, geboren 1567, gestorben 1622

selten Gründe für seine Lehre, und wenn er sie gibt, so haben seine Gründe eigentlich nichts so Zwingendes, wie es seine Axiome haben. Die Briefe Fénelons[1] belegen den heiligen Franz von Sales mit Gründen, sie versehen den Bischof von Genf mit philosophischer Unterlage; dabei fehlt ihnen aber etwas von seiner Heiligkeit. Bedachtsam sein, das lehrte der heilige Franz und Fénelon; und das müßt ihr lernen. Dafür gibt es unzählige Gründe. Ich erwähne nur den, der auf das Vermeiden von Selbsttäuschung Bezug hat. Er lautet: *Hast in geistlichen Dingen hat immer Dunkel im Gefolge.*

*

Die Macht des Reiches der Sünde beruht schlechthin auf der Selbsttäuschung. Das Bild ist düster, meint ihr. Düster wohl, aber nicht entmutigend. Es ist die alte Geschichte. Ihr wollt Gott nicht aus Liebe dienen, und dann fallt ihr über die Prediger her, weil sie euch beunruhigen. Ich wollte, ich könnte euch unruhig machen. Ich wollte, ihr hättet die Gnade, unruhig zu werden. Umgraben tut gut. Es lockert die Wurzeln und läßt Sonne und Regen ein. Was ist ärgerlicher als eigensinniges Buschwerk, das nicht wachsen

[1]François Feńelon de Solignac, Erzbischof von Cambrai, geboren 1651, gestorben 1715

will? Solches Buschwerk erinnert mich immer an Menschenseelen — es ist so unbiegsam, so stockig, so tot, und dabei so selbstbewußt und selbstzufrieden in seiner gelben Steife. Einfältig kindliche Liebe zu Jesus geht sicher durch diese Gefahren der Selbsttäuschung und merkt ihr Dasein kaum. Es weht eine Krankenluft im geistlichen Leben. Immer wieder Verbände abnehmen, wunde Stellen untersuchen, wieder verbinden, Riechsalz, herabgelassene Gardinen, und weiß Gott noch was für jämmerliche Gebrechlichkeiten und schwankende Genesungen! Es muß eine starke Versuchung sein, Gott Hals über Kopf zu lieben, nur um seelisch diesen erniedrigenden Symptomen, diesen kränklichen Gefühlen des geistlichen Lebens zu begegnen und ein kräftiges, Wind und Wetter nicht scheuendes religiöses Leben zu führen. Doch sind manche Menschen gerne krank, ganz besonders gerne gemütskrank. Es zeigt, wie wenig Raum der Gottesgedanke in ihnen hat; denn dieser Gedanke, so gewichtig, so gütig, so nüchtern, so ernst, treibt unfehlbar alles aus, was ungesund ist.

III.

DIE VIELFÄLTIGKEIT DER SELBSTTÄUSCHUNG

Die Gnade ist unendlich vielgestaltig; die Selbsttäuschung aber kommt ihr hierin beinahe gleich. Wir wollen in unserem vielleicht unangenehmen Thema einen Schritt weiter tun und uns einige Spielarten der Selbsttäuschung vor Augen führen. Wir wählen solche aus, denen wir am häufigsten im Leben begegnen. Es gibt sieben Gattungen, die wir die grundlegenden Selbsttäuschungen nennen können, da die eine oder die andere anscheinend jeder möglichen Abart von Täuschung zugrunde liegt.

*

In erster Linie ist hier die Selbsttäuschung zu nennen, die keinen Rat annimmt. Die Täuschungen des inneren Lebens sind über alles Erwarten eigenartig. Es vernachlässigt jemand die ihm von Gott übertragenen täglichen Pflichten, bringt stattdessen den ganzen Tag in der Kirche zu und hält sich doch für einen besonderen Liebling Gottes. Selbst Ordensleute können solche Besonderheiten für Vollkommenheiten halten. Es gibt falsche Bescheidenheit, falsche Demut, unechte Bußgesinnung, irregehendes Gebetsleben. Täuschung überall, und doch ist es für den Betrachter unerklärlich, daß das Opfer nicht selbst sofort die Täuschung durchschaut. In zahlreichen Fällen wird diese Anhäufung von Täuschung durch Selbsttäuschung, die sich keinen Rat sucht, geschaffen. Schweigsamkeit hat ihre guten Seiten. Wer bezweifelt es? Schweigen ist in unserer so geschwätzigen törichten Welt oft angebrachter als Reden. Aber es gibt auch Charaktere, die gar keine Versuchung zum Reden empfinden, ihre Versuchung — denn es ist eine wirkliche Versuchung — ist Schweigen. Es sind Menschen, die nie zur rechten Zeit gesprochen haben. So machen sie Pläne, entweder überhaupt ohne Berater außer dem eigenen Ich, oder mit solchen, die im besten Falle nur der Abklatsch des eigenen Ichs sind. Sie leben sich in ihre Pläne hinein und halten Wartezeit für reifliche Überlegung. Diese Pläne schimmern und funkeln durch ihre Gebete, und es scheint der Glanz einer quasi-göttlichen Bestätigung auf ihnen zu liegen. Diese Menschen können sehr ehrenwert sein; es mag sich äußerlich kein warnendes Anzeichen von Selbstsucht bei ihnen bemerkbar machen; sie werden schließlich doch Eigendünkel und Eigenwillen für kluge Zurückhaltung halten, und zwar auf Grund der Selbsttäuschung, die sich nicht beraten lassen will. Diese Form der Selbsttäuschung hat die Neigung, sehr schnell unheilbar zu werden; hat sie einmal einen Menschen erfaßt, so kann er, wenn überhaupt, nur durch ein Wunder der Gnade losgerissen werden.

*

Es gibt auch eine Selbsttäuschung, die in einem fort Rat sucht, und, was vielleicht noch schlimmer ist, ihn bei jedermann sucht. Dieses Laster eignet solchen, die so viele Seelenführer haben als der König Räte, solche, die so charakterschwach sind, daß sie jedem, der ihnen begegnet, ihre Pläne im Vertrauen offenbaren; sie sind schließlich schier gezwungen, gar keinem Rat zu folgen, weil das Zureden von rechts das Abreden von links so vollständig aufhebt, daß der Kopf eines derartigen Menschen zum völlig leeren Raume wird. Es sind jene — täglich können wir sie sehen —, die immerwährend etwas unternehmen und nie etwas zuwege bringen. Diese stete, wahllose Sucht nach Beratung ist eine Art Eigendünkel. Hat es wohl je einen schwachen Menschen, gleich welcher Nationalität, gegeben, der nicht zugleich sehr eingebildet war? Betrachten wir aber dieses endlose Ratsuchen unter dem Gesichtswinkel Täuschung, so entdecken wir bald, daß sich hier ein gutes Stück Unehrlichkeit mit der Schwäche verbindet. Wer immer Rat sucht, argwöhnt, daß er nicht im Rechten ist. Diesem Menschen liegt ein unruhiges Gewissen zugrunde. Aber gerade hier liegt die Schwierigkeit. Je mehr er redet und fragt und mitteilt, um so mehr nimmt die Unehrlichkeit zu. Er wirft sich mit jedem Wort Sand in die eigenen Augen. Je eigensinniger er wird, mit um so mehr Beredsamkeit überzeugt er sich von seiner eigenen Lenksamkeit. Jeder neue Ratgeber macht es ihm unmöglicher, die Wahrheit zu erkennen. Mit jedem Schritt, den er tut, folgt er mehr seinem eigenen Willen. Es gibt Menschen, die für andere Fallstricke sind. Dieser Mensch ist sich selbst Fallstrick. Das Ende ist vollständige Verwirrung, die völlige Finsternis aus Selbstunkenntnis, das Chaos hoffnungslosen Schwankens. Dieses Leben kann nunmehr als entschieden verfehlt bezeichnet werden. Die Rettung der Seele ist natürlich noch möglich. Aber wenn einer gerade noch seine eigene Seele rettet, so können wir uns denken, daß er eigentlich ein „unnützer Knecht" ist.

*

Eine dritte Art von Selbsttäuschung ist die der Selbstzufriedenheit. Wo sie auftritt, scheint sie angeboren zu sein. Doch brauchen wir auch hier nicht beim Beseitigen dieser Mißbildung, die wir auf die Welt gebracht haben, zu verzweifeln, obwohl dies schwerer hält, als das geradezustrecken, was äußere Verhältnisse oder selbst Gewohnheitssünden verbogen haben. Mancher hat einen so starken Glauben an sich selbst, daß kein Fehlgriff, kein Mißerfolg ihn erschüttern kann. Erfahrung lehrt ihn nichts. Seine eigene Unfehlbarkeit ist der ruhende Pol seines Kompasses. Alles andere mag sich bewegen; er bewegt sich nicht. Alles andere mag in Frage gestellt werden, das nicht. Über ihm schwebt immer ein ruhiger Optimismus; ruhig ist er, weil er die Möglichkeit, an sich selbst zu zweifeln, nicht fassen kann. Jeder Mißerfolg hat eine äußere Ursache, die keine Voraussicht hätte in Rechnung stellen, gegen die keine Vorsicht hätte schützen können. War diese oder jene Tat auch nicht das Beste, das zu tun war, so war sie es doch in Anbetracht von Zeit und Ort und Umständen. Ja, er beansprucht daraufhin noch ein Plus an Ansehen, gerade weil er sich befreit fand, auf das Beste zu verzichten und mit der weisen Herablassung gesunden Urteils sich demütig den Umständen anzubequemen. Für ihn gibt es nur Zeichen der Vorsehung, nur wunderbare Zwischenfälle. Er versagt, ohne es zu wissen, weil gerade in seinem Falle alles so nach Vorsehung aussieht. Er sieht die ganze Weltregierung wie in einem Panorama vor sich; er ist der Mittelpunkt. Seine Angelegenheiten sind die Endzwecke Gottes. Seine Frömmigkeit nimmt die Gestalt von Einsprechungen an, und, was an ihm natürlich ist, hat die verderbliche Neigung, sich in das Übernatürliche zu ergießen. Seine Andacht folgt nie längere Zeit einem ausgetretenen Pfade, ja eigentlich überhaupt nie einem Pfade. Sogar seine Träume werden manchmal zu Beweggründen seines Handelns. So ist er launisch und wetterwendisch. Er erhält jeden Augenblick nicht nur Erleuchtungen, sondern sogar sich widersprechende Erleuchtungen. Er nimmt dies leicht, fast als sei es ein Zug göttlicher Führung. Er sieht darin keine Schwierigkeit. Was bei anderen Wechsel heißt, bedeutet bei ihm nichts. Tatsächlich ist er so unveränderlich, daß er sich gar leicht für beständig, systematisch, grundsatztreu halten kann, obwohl jeder andere ihn für durchaus unzuverlässig hält. Solche Leute hören guten Rat mit der Ruhe der Selbstgerechtigkeit, mit einem fast ergreifenden Schein von Geduld an, als ob sie ein Kreuz trügen und an den Abtötungen der Heiligen Teil hätten. Denn welche Ungehörigkeit liegt darin, ihnen raten zu wollen! Ihre Stellung, ihr Name, ihr Vorleben, alles hätte sie vor der unverschämten, einfältigen Raterteilung bewahren sollen; und der Rat kam gerade von einer Seite, von der er nicht hätte kommen sollen. Sie ertragen es aber mit bewundernswerter Sanftmut und erinnern sich daran, daß das Gute in dieser schlimmen Welt meistens gar verborgen und unerkannt bleibt. Soviel dürfen wir wohl von diesen Menschen, ohne die Liebe zu verletzen, sagen, daß ihre Kandidatur für die Ehre der Heiligsprechung nicht allzu aussichtsreich ist. Doch erwartet vielleicht manch einer von ihnen, daß sein Leben einmal derartige Beachtung finden wird.

*

Eine weitere Form der Selbsttäuschung ist die der Kritisiersucht. Es gibt Leute, die immer so sicher sind, recht zu haben, daß sie sich als Maßstab aufstellen, andere zu beurteilen. So fest ist ihr Selbstvertrauen, daß sie sich nicht bewußt sind, ungewöhnliche Ansprüche an das Vertrauen anderer zu stellen, wenn sie ihre eigene Person als Norm in den Vordergrund stellen. Dies nicht zu tun wäre nach ihrer Auffassung falsche Demut. So wie einer so selbstsicher dahinlebt, ohne der Tatsache Aufmerksamkeit zu schenken, daß er weder Gott noch Engel, sondern eben nur ein Mensch ist, so kritisieren, ohne es gewahr zu werden, diese Leute die Nebenmenschen den lieben langen Tag hindurch, als seien sie auf diese Welt gekommen, mit dem ausgesprochen einzigen Zweck, über andere Urteile zu fällen, und als wäre es sehr sonderbar, täten sie etwas anderes. Eher fiele ihnen eine Unterbrechung in ihrer Tätigkeit auf, als das stetige Kritisieren, das ihr Leben ausfüllt. Die selbstzufriedenen Selbstbetrüger denken mit Vergnügen über die Tatsache nach, daß sie immer im Rechte sind; die weniger liebenswürdigen, wenn auch lebenserfahreneren Kritiker ziehen es vor, die Tatsache mit Genugtuung zu vermerken, daß die anderen Unrecht haben. Die Letzteren verdienen also weniger Sympathie; doch leisten sie viel mehr. Es ist auffallend, wie treffend ihre ungünstigen Urteile über andere sind. Es ist, als ob die Übung der Lieblosigkeit eine Geschicklichkeit erzeugte, der fast der Charakter einer exakten Wissenschaft zukäme. So irren sie sich seltener als die Selbstzufriedenen, die sich selbst täuschen. Denn die Welt ist wirklich böse und die meisten Menschen haben Unrecht; man erwirbt sich einen gewissen Ruf, wenn man immer Düsteres vorhersagt; man gewinnt einen gewissen Einfluß, wenn man andere durch beißenden Spott und Ehrabschneidung schreckt; ja man kann sogar einen gewissen Erfolg verzeichnen — und selbst ein solcher ist dem Unliebenswürdigen immerhin noch lieber als keiner —, wenn man einer Verlegenheit, in die andere geraten, aus dem Wege geht. Nur wenige, selbst unter den Guten, streben im Leben nach etwas Hohem, und ein paar Krümchen Erfolg sind reiche Nahrung für Seelen, die ein Meer von Schmeichelei schlucken können. Meistens sind solche Kritiker ruhig und gelassen ob der unerschütterlichen Stetigkeit ihres Selbstvertrauens. Daher haben sie gewöhnlich eine starke Abneigung gegen Begeisterung. Sich zu begeistern läuft dem Genius der Kritik zuwider. Das Herz wird kalt, wenn es der Mensch nicht dadurch warm erhält, daß er in ihm lebt; ein kritischer Mensch lebt meistens außerhalb seines Herzens. Diese Leute haben eine instinktive Abneigung gegen Geistesfreiheit, wenn es sich um Kleinigkeiten handelt, und, während sie sich selbst in gefährlichem Maße Handlungsfreiheit zugestehen, gehen sie mit der Geistesfreiheit anderer streng ins Gericht. Sie verstehen schwer, wie es innerlich um jemand bestellt ist, der aus Liebe handelt. Geistesfreiheit besteht nach ihrer Meinung darin, daß einer ohne zu erröten sich damit brüstet, daß sein Gebet selten, seine Gewissenserforschung oberflächlich, seine Reue lau ist. In *ihrem* Leben ist all das traurige Wirklichkeit, was sie freilich sorgfältig geheim halten. Durch eine strenge Theologie erwirbt man Achtung auf gar billige Art; wer anderen den Himmelsweg als recht steil schildert, der führt vermutlich selbst ein bequemes Leben. Der Tadler steht unter der Herrschaft üppiger Selbstverweichlichung oder unwürdiger Menschenfurcht. Dies ist eine der gewöhnlichsten Arten der Selbsttäuschung. Sie ist schwer zu heilen, weil man ihr nicht ans Herz kommt. Fast scheint es, es sei der Anprall einer großen Sünde notwendig, um das stolze Gebäude der Selbsteinschätzung zu zerschlagen und in die Seele das Licht heilsamer Scham eindringen zu lassen.

*

Die Selbsttäuschung tritt auch in der Form von Ehrgeiz auf. Der Ehrgeiz zielt auf einen Gegenstand in der Ferne, der nur nach und nach erreicht werden kann. Doch ist er durchaus nicht eine geduldige Eigenschaft. Er nimmt vielleicht mehr als jedes andere Laster Geduld in Anspruch, aber er hat durchaus nicht ein entsprechendes Quantum davon. Er ist eine rasche, ungestüme, ungeduldige Leidenschaft, die sich ständig zu ihren Gunsten verrechnet und besonders leicht in den Irrtum verfällt, Mittel für den Zweck zu halten. Diese Selbsttäuschung durch Ehrgeiz verwechselt einzelne Handlungen mit feststehenden Gewöhnungen; und hat einer durch einen ungewöhnlichen Anstoß der Gnade in einem Fall etwas Großmütiges für Gott zu tun vermocht, so bringt ihn diese Selbsttäuschung zur Annahme, daß er bereits eine fromme Gewohnheit gebildet habe, deren erste Auswirkung diese Handlung gewesen sei. Erfahrungen im entgegengesetzten Sinne machen ihn ungehalten, klären ihn aber nicht auf. Er wird verdrießlich mit Gott. Er hat Andachtsübungen sich zu eigen gemacht, die über dem Spiegel seines geistlichen Lebens liegen. Er hat sich an eine Vertraulichkeit im Gebet herangewagt, die er seiner Vollendungsstufe angemessen hielt, die aber in seinem Falle, obwohl sie in sich selbst etwas Heiliges war, lediglich seiner Ehrfurcht Eintrag tat. Er wagt es, bei Gott Beschwerde zu führen. Er möchte beschauen, ohne sich vorher die Mühe gegeben zu haben, nachhaltig zu betrachten. Er möchte Leiden lieben; aber er hat sich in bezug auf körperliche Abtötung geschont. Er möchte Gott mit durchaus uneigennütziger Liebe dienen; aber er ist nie auch nur halb so traurig über seine Sünden gewesen, wie er sollte. Mit einem Satz hat er die Anfangsstadien des geistlichen Lebens genommen und ist in hohe Dinge hineingesprungen; er hat seine Seele mit Mystik genährt und sie dabei verhungern lassen, während ihr gewöhnliche Frömmigkeit so gut getan hätte. Hier liegt ein schwer heilbarer, aber kein so seltener Fall vor! Wohin kommt dieser Mensch? Er fing damit an, die Heiligen in dem nachzuahmen, was unnachahmlich ist, und er endet damit, das religiöse Leben entmutigt aufzugeben. Anfänglich gierte er nach dem Übernatürlichen und schließlich findet er die gewöhnliche Übung des Glaubens schwierig.

*

Widerwärtig ist es, von der skrupelhaften Selbsttäuschung zu reden[1]. Je älter ich werde, um so weniger Gutes kann ich an Skrupeln entdecken. Erfahrung und Alter, beide überzeugen mich, daß der Eindruck von Achtbarkeit, den Skrupulöse auf mich gemacht, reine Täuschung war. Sie entwickeln sich alle zum Schlechteren. Gewaltige Welten kindischer Einbildung entdeckt man Jahr für Jahr in ihren Seelen. Sie sind von demütiger Anmaßung verzehrt, die die übelste Form von Kritisiersucht darstellt. Ihr ichbezogener Kleinmut ist unerträglich. Sie sind eine Pest. Was sie Gutes an sich haben, ist nur Oberfläche und ist nicht beständiger als der blaue Hauch auf einer Zwetschge. Diese Art Selbsttäuschung

[1]Die hier gegebene Kritik ist wohl für viele Skrupulanten zu hart. Immerhin enthält sie Beherzigenswertes für alle, die an Skrupeln leiden. Der Übersetzer.

ist dem Satan lieb und wert. Sie tut seine Arbeit nach Wunsch. Sie heftet ihre Aufmerksamkeit auf die falschen Gegenstände, das heißt auf Dinge, die sie nicht besonders zu beachten brauchte, und tut nichts als dieses. Währenddessen ist sie völlig skrupellos in bezug auf Dinge, die ein Ärgernis sind, oder auf ihre Hauptleidenschaft oder auf eine Gelegenheit zur Sünde oder auf eine bedrängende Versuchung. Im Ganzen achtet sie wenig auf ihr Benehmen anderen gegenüber oder auf deren Gefühle. Sie ist schnippisch und sauer und teilnahmslos und unausstehlich; und all dies halten törichte Leute manchmal für Heiligkeit. Die Skrupulosität hat einen tiefen Brunnen ruhiger Selbstüberschätzung in sich; an der Oberfläche nur zeigt sich religiöse Unruhe. Nie ist sie ihr Leben lang zu irgend etwas nütze gewesen und wird es nie werden; aber sie hat solchen Lärm über das Gute, das sie einmal tun würde, geschlagen, daß sie für ihre bloßen Absichten mehr Achtung eingeheimst hat, als ein anderer sich oft erwirbt, der die Arbeit in aller Ruhe wirklich leistet. Es sind lästige Leute und eignen sich dazu, unsere Geduld auf eine harte Probe zu stellen; ansonsten ziehen wir es vor, mit ihnen als mit einer möglichen oder zukünftigen oder wirklichen Sache wie mit den wilden Tieren in Afrika nur aus der Ferne bekannt zu werden. Wer Pflichten gegen solche Menschen hat, ist übel daran.

*

Die Selbsttäuschung falscher Demut endlich hat eine nahe Verwandtschaft mit der skrupelhaften Selbsttäuschung, ist aber wohl noch schwerer zu heilen. Es ist Tatsache, daß Selbsttäuschung auf geistige wie moralische Schwäche schließen läßt. Wenige Charaktere gibt es, die nicht zum mindesten in *einem* Punkt geistig und sittlich schwach sind. Bei manchen kommt die geistige Schwäche von der sittlichen; bei den meisten aber die sittliche von der geistigen. Wir dürfen daher nicht überrascht sein, wenn wir anscheinend starke und klare Charaktere finden, die doch der äußerst törichten Selbsttäuschung, die aus falscher Demut entspringt, zum Opfer fallen. Jedermann fühlt es, daß die Demut in besonderer Weise die Tugend der Vollkommenheit ist, und daher bestrebt sich jeder, sie zu erwerben. Dies hat aber große Schwierigkeiten; so lange wir nach unserer eigenen Schätzung nicht demütig sind, müßten wir von uns eine äußerst geringe Meinung haben; und das fällt unserer Natur allzu lästig. So muß denn etwas geschehen, um den Weg zur Demut abzukürzen. Unglückseligerweise haben einige Heilige gelegentlich sich abfällig über sich selbst geäußert.

Daraufhin wollen auch wir uns abfällig über uns äußern, glauben aber nicht im geringsten an das, was wir sagen, und räumen noch viel weniger andern irgend ein Recht ein, es zu glauben. Jeder Mensch in der Welt hat wie ein Insekt seine Parasiten, seinen kleinen Kreis von Schmeichlern. Diese sind nun dumm oder unaufrichtig genug, um an unserer Selbstbemängelung Gefallen zu finden; und wir finden in ihr wohlfeiles Heldentum und gehen nicht sparsam damit um. Diese Selbstanklagen neigen in bemerkenswerter Weise dazu, geistige Blindheit zu erzeugen. Es scheint, als seien sie nicht eine Krankheit, die das Auge der Seele befällt, sie scheinen vielmehr das Organ geradezu zu zerstören, mittels dessen die Seele sehen kann, d.h. eine völlige Vernichtung der Sehkraft selbst zu bedeuten. Die Blindheit ist völlig, wenn diese Menschen dazu kommen, das zu glauben, was sie gegen sich vorbringen, während sie es anfänglich nur aus Einbildung oder Affektiertheit gesagt hatten. In diesem Zustand weiß der Mensch nicht, was zu wissen im geistlichen Leben am allernotwendigsten wäre, nämlich, daß er keinen Mut hat. Das kommt davon, daß ihm seine falsche Demut nie gestattet, sich selbst auf die Probe zu stellen. Er meint in seiner künstlichen Selbsterniedrigung, die nun subjektiv, wenn auch nicht objektiv, wahr geworden ist, daß er sich im Dienste Gottes nur an Niederes heranwagen soll. Und so tut er, was unter seiner Kraft liegt, und versucht nichts, was seiner Kraft entspräche. Diese Selbsttäuschung, so armselig sie ist, hat ihren Stolz und dieser setzt das „Vermeiden aller Gefahren" in ihr gesundes Urteil; sie übersieht dabei ihren so widerwärtigen Mangel an Großmut. Alle Seelen, die in Täuschungen gelebt, werden am Tage des Gerichtes sehr überrascht sein; aber die größte und schmerzlichste Überraschung erwartet wohl jene, die sich durch falsche Demut täuschen ließen.

*

Mit diesen sieben Arten von Selbsttäuschung kann die Seelenleitung zu tun haben; sie muß sich dabei mit möglichst viel Geduld wappnen und männlich gegen Reizbarkeit und Entmutigung ankämpfen. Es gibt aber hierbei vielfältige Kreuzungen, die der geistlichen Leitung die schwersten Rätsel aufgeben, und durch die das eigene Ich sich selbst die größten Martern bereitet. Man verstrickt sich in nichts auf der Welt so sehr wie in Selbsttäuschung; alle ihre Formen sind schnell um sich greifende Krankheiten, die sehr bald, schon in den Anfangsstadien, schwer heilbar werden.

IV.

DIE MERKMALE DER SELBSTTÄUSCHUNG

Man braucht ein gewisses Maß von frommem Mut, um nicht davon abzulassen, diese widerliche Erscheinung unserer gefallenen Natur immer genauer kennenzulernen. Dieses Bemühen um Erkenntnis hat aber unberechenbare Folgen. Ich weiß, daß ich eure Geduld auf die Probe gestellt habe, und daß ich zufrieden sein muß, wenn ihr mit Nachsicht, wenn auch halb verärgert, zugehört habt. Doch möchte ich gerne hoffen, daß wir schließlich die Sache immer ernster nehmen; und findet ihr nicht, daß letzlich immer in allem, was wir für Gott tun, eine besondere Freudigkeit liegt, wenn wir auch vor der Sache selbst noch so sehr zurückschrecken? Wir sind sehr schlecht, voll von Kleinlichkeiten, voll von Inkonsequenz und sehr töricht; in nichts zeigt sich unsere Torheit mehr als im geistlichen Leben. Wenn wir einen Unfall gehabt haben, so ärgern wir uns auch nicht über den Arzt, der uns das gebrochene Glied schient, den Schmutz aus der Wunde spült und uns bei der Behandlung vor Schmerz erzittern läßt. Doch durchzuckt uns dabei ein Funken Unmut, und wir meinen, ohne allen Grund, daß größere Geschicklichkeit weniger Schmerz verursacht hätte. Das Gefühl dauert aber nur einen Augenblick, nur so lange, als der Schmerz die Grenze des Erträglichen überschritten hatte. Wenn wir uns nun gerne über unseren Seelenführer ärgern möchten, was uns allen sehr oft passiert — und ein vernünftiger Seelenführer macht sich auf solches gefaßt —, so sollten wir uns bemühen, uns nicht mehr über ihn zu ärgern, als über unseren Hausarzt. Ich habe versucht, etwas Unangenehmes auf möglichst wenig unangenehme Weise zu tun; aber was immer selbst im günstigsten Fall unangenehm sein muß, scheint dann in der Ausführung mehr als notwendig, ja sogar mutwillig unangenehm zu sein. Immerhin, wie unvernünftig und launenhaft wir auch sein mögen, wir nehmen es ernst mit Gott und ergeben uns darein, uns den Weg durch den Rest unserer Untersuchung zu bahnen, in der Hoffnung, es möge schließlich etwas zur Ehre Gottes herauskommen. Diese hohlen Worte sind nur ein Stück Selbstverteidigung, die wahrscheinlich ein Quantum Selbsttäuschung enthalten. Wenn ihr es entdeckt, so freut es mich mehr, als es mich beschämt; denn ihr werdet mir weniger verdrießlich zuhören, wenn ihr seht, wie meine eigenen Hiebe mich auch selbst treffen. Die Narrenkappe, die einer für andere zurecht macht, steht ihm selbst gewöhnlich am besten.

*

Wir haben von den Arten der Selbsttäuschung gesprochen. Doch erspart uns das nicht die Prüfung der allgemeinen Merkmale der Selbsttäuschung. Wir haben die Selbsttäuschung in dem vorigen Kapitel in Unterabteilungen geteilt; jetzt müssen wir sie wieder als Einheit, als zusammenhängendes, festes Ganzes betrachten. Das erste Merkmal der Selbsttäuschung, das uns in die Augen fällt, ist ihre anscheinend unbegrenzte Macht; andere Versuchungen haben ihrer Natur nach ein beschränkteres Feld. Sie ist tatsächlich mehr als eine Versuchung. Sie scheint ein Gesetz unserer Seelenschwäche zu sein, ein in unserem Zustande unvermeidliches Gesetz, das nicht einmal die Gnade vollständig außer Kraft setzen kann. Wie Stoff und Leib ihre unvermeidlichen Schwächen haben, so haben sie auch Geist und Seele. Selbsttäuschung ist allgemein verbreitet und kündet, wie die Luft, durch nichts ihr Dasein an. Versuchungen stellen sich unter bestimmten Umständen ein, und diese Umstände verkünden uns die kommende Versuchung, so wie das plötzliche Dunkelwerden des Nebels auf der See dem Schiffer anzeigt, daß ein Eisberg naht. Selbsttäuschung ist aber überall. Sie ist eine Art Fratze der Gnade. Sie geht ihr voraus und sie folgt ihr; sie leitet zu einem bestimmten Vorgehen an und gibt Beharrlichkeit dazu; sie ist, wie der Erdboden, der Untergrund für unsere Handlungen und sie überwölbt sie wie das Firmament; sie geht ihnen zur Seite oder sie vereinigt sich mit ihnen; sie lobt und fördert Eigenliebe; sie leitet das Gewissen irre und macht unberechtigte Vorwürfe; sie gibt uns Licht zu sehen, aber dieses Licht blendet; Tätigkeit und Ruhe sind trotz ihrer Gegensätzlichkeit ihrem Vorgehen gleich günstig; sie verbirgt sich und zeigt sich wieder, mit einer Schnelligkeit, daß man das Kommen und Gehen nicht wahrnehmen kann ebensowenig wie die Schwingungen der Flügel eines Kolibri. Unerträgliche Gesellschaft! Immer Schritt haltend, nie müde, bergauf, bergab, durch Wald und Sumpf, durch Stadt und Land, über Land und See äfft sie in einem fort den Gang unseres Schutzengels nach und fängt uns in unsichtbaren Fallstricken, um die kluge Güte dieses lieben brüderlichen Geistes zuschanden zu machen. Das Leben wird uns durch das Bewußtsein dieser ständigen Begleitung zur Last. Auf Schritt und

Tritt verfolgt zu werden ist unerträglich. Die Selbsttäuschung ist immer siegesbewußt, immer guten Mutes, ist uns immer überlegen. Ja, sie nimmt mit unserem Wachstum an Gnade zu. Die Gnade gibt ihr neue Gelegenheiten, neue Schauplätze, vielfältige Möglichkeiten für Experimente. Ich glaube, daß sich in einem Ordensmann oft mehr Selbsttäuschung findet als in einem Laien; und doch gibt es wohl nichts Größeres auf der Welt als den Ordensberuf. Unausstehliche Selbsttäuschung! Sie ist so elastisch; wie kann man ihr beikommen? Es ist, wie wenn man die Luft peitschen wollte. Selbsttäuschung ist so unausrottbar optimistisch; wer hat sie je gedemütigt? Aber wir wollen den Mut nicht verlieren, wir wollen hoffnungsvoll sein. Wir werden nach und nach sehen, daß dieser dunkle Gegenstand, wie so mancher andere, eine lichte, wenn auch nicht allzu lichte Seite hat.

*

Ein zweites Merkmal der Selbsttäuschung ist ihre tiefe Verwurzelung. Wiederholte Triumphe über sie sind uns keine Bürgschaft für weitere Siege. Keinerlei Abtötung schüchtert sie ein. Im Gegenteil, es sieht so aus, als ob alle gegen sie ergriffenen Maßregeln ihr nur neue Kraft zuführten. Sie findet ihren Weg überallhin, sie weicht jedem Drucke ohne Schädigung aus, wie

Quecksilber. Man kann sie nicht zusammenfangen, festhalten, einer Operation unterwerfen, von den vielfältigen Verhältnissen des Lebens loslösen. Für einen Augenblick auf einen Punkt gesammelt, im nächsten weithin zerstreut, spottet sie aller Verfolgung. Wachsamkeit hilft uns nur wenig. Sie genau zu beobachten gibt uns Aufschluß über sie, ebenso wie das Studium der Sterne uns ein theoretisches Wissen vermittelt; ohne uns irgend einen Einfluß auf ihren Gang zu gewähren. Wir werden in unserem Feldzug gegen die Selbsttäuschung nie gewitzigt, weil sie uns nie ein zweites Mal auf dieselbe Weise angreift. Angriff ist überhaupt nicht das richtige Wort. Auch Schachzug ist nur ein farbloser Ausdruck für ihr eigenartig ruhiges Vorgehen. Sie ist passiv oder auch aktiv in dem Sinne, wie jede ätzende Substanz aktiv ist. Sie will ihr Leben ruhig in unserem führen oder, lieber noch, unser Leben an unserer Stelle leben, eine Art Seele für uns sein. Diese Eigenschaft läßt sie so tiefe Wurzeln schlagen. Viele schlechte Dinge sind in uns verwurzelt, aber keines in dem Maße wie die Selbsttäuschung.

*

Weiter müssen wir ihre Geschicklichkeit erwähnen, den Schein des Guten anzunehmen. Kein Wunder, wenn der erste Minister des Teufels so viel von dessen Haupttalent an sich hat. Es ist nicht ein bloßes geschicktes Sichdrapieren mit den Gewändern der Tugend; sie trägt sie beständig. Dies ist ihr Normalzustand, ihre Ruhelage, etwas, das zu ihrem Wesen gehört. Sähe man ihr die Bosheit an, niemand würde sich täuschen lassen. Hoffentlich gibt es doch wenig Menschen auf der Welt, die wohl überlegt und ohne die verwirrende Macht der Leidenschaft oder der Versuchung das Böse wählen, mit und trotz der Überzeugung, daß es böse ist. Ich hoffe, daß nur ein Geschöpf, das in der Hölle ist, das Böse wählt, weil es böse ist. Aber selbst wenn dem nicht so wäre, so läge keine Selbsttäuschung vor. Es wäre die Verhärtung, die Frechheit bewußter Bosheit. Die Selbsttäuschung aber läßt uns Teufelswerk tun im Glauben, es sei Gotteswerk, freilich nicht immer mit ganz ehrlichem Glauben. Die unvergleichliche Vollendung, mit der die Selbsttäuschung sich ohne Ende verkleidet, und sich fast nie dabei ertappen läßt, ist das Hauptmerkmal ihres unheilvollen Geistes. Wie überzeugend kann sie durch auffallende Haltung wirken, wie natürlich sieht sie in ungewohnter Lage aus! Wir alle wissen es nur zu gut. Sie nötigt uns Bewunderung ab. Wenn nur auch Furcht und Besorgnis mit unserer Bewunderung Schritt hielten! Viel weniger unsterbliche Seelen würden dann Schiffbruch erleiden.

Eine schwache Stelle hat die Selbsttäuschung doch. Darin liegt Trost. Und gerade diese schwache Stelle gehört zu ihren Merkmalen. Es schmerzt die Selbsttäuschung, wenn man sie berührt, was freilich zumeist recht schwer ist. Die Berührung schädigt sie nicht; aber sie zuckt unter ihr zusammen. Es gibt gefährliche Tiere in der Schöpfung, die sich durch Laut und Geruch verraten. Das ist eine der Spuren göttlicher Liebe in der Natur. Ähnlich liegt es bei der Selbsttäuschung. Hundert, ja besser noch, tausend Gefahren birgt sie, die größte aber ist ihre Versteckheit. Daher ihr Mißmut, wenn sie sich durch ihre Empfindlichkeit bei Berührungen verraten muß. Wir haben alle gewisse Eigenheiten, Übungen, Gewohnheiten, eine gewisse Haltung, Besonderheiten in unserem Benehmen; tadelt man sie, so ärgern wir uns. Wir wissen kaum, warum. Warum bleiben wir ganz ruhig, wenn eine unfreundliche Zunge sich über eine bestimmte Art oder eine bestimmte Äußerung unseres Eigendünkels hermacht, und warum fliegen wir wie Schießpulver in die Luft, wenn eine andere berührt wird, obwohl diese weder schuldhafter noch, was hier besonders ins Gewicht fällt, unwürdiger oder lächerlicher ist? Wir können keinen Grund dafür angeben. Sehr oft bleibt uns eine Unklarheit, wenn wir darüber nachdenken. Gewöhnlich verrät sich hierdurch die Selbsttäuschung, und dies ist eine Entdeckung von größter Wichtigkeit für uns, der man furchtlos und ohne Aufschub nachgehen muß. Diese Empfindlichkeit der Selbsttäuschung ist eine gute Seite dieses Lasters oder vielmehr eine weise Einrichtung der Vorsehung. Sie ist das Klappern des Schlangenschwanzes, gerade wenn dieser, der Absichten der Schlange wegen, sich ruhig verhalten sollte. Durchsuchen wir ja das Gestrüpp, so oft wir das Klappern hören. Wir hätten uns die Hälfte unserer Bißwunden erspart, wenn wir es immer so gemacht hätten.

*

Daß sehr viel Gutes zugleich mit der Selbsttäuschung bestehen kann, ist weiterhin charakteristisch. Sie hat eine besondere Anlage für Bündnisse. Alle liegen ihr, passen für ihre Absichten, vermehren ihren Einfluß. Sie kann mit Dingen eine Verbindung eingehen, die anscheinend widersprechende, ja gegensätzliche Eigenschaften haben. Mit Vorliebe aber verbindet sie sich mit dem Guten. In vielen Fällen wird das Böse vom Guten erdrückt, wenn dieses, mit Hilfe der Gnade, im Überschwange kommt. Aber Gutes in Hülle und Fülle belebt auch die Selbsttäuschung, wobei ihr Gift selbst in geringer Menge Gutes in beliebiger Masse angreift. Heuchelei hat nur ein kurzes Dasein, es sei denn, daß sie mit einem gewissen Maß Frömmigkeit gepaart ist. Die Selbsttäuschung hält sich mit Absicht in der Nachbarschaft des Guten, um warm gehalten und gepflegt zu werden. So dürfen wir — ein entmutigender Gedanke — das Maß unserer Gnade als Gradmesser für das Maß unserer Selbsttäuschung ansehen. Ich will nicht weiter in diese Fragen eindringen; denn ich kann sie nicht vollständig und erschöpfend behandeln; daher begnüge ich mich damit, ihren Ernst anzudeuten.

*

Die Selbsttäuschung nimmt mit dem Alter zu. Manches Unkraut in unserer Seele stirbt, wenn es nicht durch besondere Verhältnisse begünstigt wird. Mancher Wildwuchs wird durch eine einzige Sünde eingepflanzt, die weder Vorfahren noch Nachkommen hat, weder Vorläufer noch Folgeerscheinungen, so weit wir sehen können; und das Unkraut bleibt ohne Leben, ohne Wachstum. Selbsttäuschung aber hat ein unvermeidliches Wachstum. Je mehr das Leben sich weitet, um so mehr weiten sich unsere Anlagen zur Selbsttäuschung. *Herzenseinfalt allein ist der Selbsttäuschung verhängnisvoll.* Gelänge es uns, vollkommen einfach zu sein, so könnten wir dem Ungeheuer die Todeswunde schlagen.

Das Leben aber macht die Dinge vielfältig. Es verwirrt unsere Beweggründe. Es macht uns durch seine Hast, seine Veränderlichkeit, seine Widersprüche, seine Herrschsucht und seinen Egoismus irre. All dies erzeugt neue Möglichkeiten für die Selbsttäuschung; und sie dringt ein wie die Luft in einen leeren Raum — ohne Geräusch, wenn sie nicht behindert wird —, mit einem Knall, wenn sie plötzlich und unter Gegendruck in Tätigkeit tritt. Nur eines ist sicher, daß nämlich die Quelle Jahr für Jahr reichlicher fließt und daß, wenn die Gnade die Wasser nicht schon beim Ansteigen verdunsten läßt, das Leben nichts anderes als ein wenig aussichtsreicher Wettkampf zwischen Gnade und Selbsttäuschung ist. Die Gnadenwirkung muß hier durchschlagend sein, um einen entscheidenden Sieg davonzutragen. In fast allen sonstigen Fällen kommt die Gnade, selbst wenn sie ihr Ziel nicht ganz erreicht, immer noch zu einer Art von Sieg. Ob auch in diesem Fall?

*

Was vom Leben der Natur gilt, gilt auch vom Leben der Gnade. Und so hat die Selbsttäuschung das weitere Merkmal, daß ihre Kräfte zunehmen, je höher die Menschen im geistlichen Leben steigen. Es ist zu allen Zeiten wahr gewesen, und kein erfahrener Geistesmann hat es je in

Abrede gestellt, daß niedere Gnaden der Täuschung weniger unterworfen sind als höhere, die allerhöchsten ausgenommen, weil es sich bei diesen schon um die innigste Vereinigung der Seele mit Gott handelt. Das kommt davon, daß Gnaden höherer Art in einem Mißverhältnis zu unserer Schwachheit und Erbärmlichkeit stehen; die allerhöchsten sind fast frei von Täuschungen, denn sie bringen, obschon unserer Kleinheit noch weniger angepaßt, gewaltige Hilfen mit sich und bewirken so überwältigende Umformungen. Es fällt uns verhältnismäßig leicht, mit gewöhnlicher Gnade zu arbeiten; die höchsten Gnaden arbeiten mit uns, indem sie uns sich selbst angleichen. Aber die höheren Gnaden, die in der Mitte zwischen beiden liegen, strotzen von Täuschungen, weil sie nicht so gewaltig sind, daß sie der unverhältnismäßig großen Last, die sie uns aufbürden, das Gleichgewicht halten können. Nur sehr wenige, selbst unter denen, die nach Vollkommenheit streben, erheben sich über diese mittleren Gnaden. Daraus kann man die Regel ableiten, daß man, je höher man im geistlichen Leben steigt, um so mehr dem hinterhältigen Wirken der Selbsttäuschung verfällt. Innere Abtötung steht höher als körperliche und unterliegt der Selbsttäuschung besonders leicht. Die nackte Tatsache körperlichen Schmerzes ist etwas Greifbares, an dem wir uns weitertasten können, und der Schmerz an sich heilt uns vor ebensoviel Selbsttäuschung, wie er uns eintragen mag. Nicht so steht es mit Abtötungen höherer Art, auch nicht mit dem Gebet. Je mehr es sich der Passivität nähert, um so leichter fällt es der Täuschung anheim. So ergeht es besonderen gewissen Gebeten, wie z.B. dem Gebet um Verlust von Achtung und Ehre; solche Gebete bieten uns unzählige Möglichkeiten, in die Irre zu gehen, eröffnen uns zugleich schier zahllose Zugänge der Gnade. Immerhin gibt es hier eine Art mittelbaren Trostes. Das Wachstum unserer Selbsttäuschung *kann* ein Anzeichen des Wachstums unserer Heiligkeit sein; in einem Land voll solch ägyptischer Finsternis ist selbst etwas, was nach Licht nur aussieht, eine Freude für das Auge; und selbst eine bloße Hoffnung hat fast den Wert einer Erfüllung, wenn alle Hoffnung schon entschwunden zu sein schien.

Dies ist noch nicht alles. Die Selbsttäuschung gedeiht anscheinend beim Beten, sie mästet sich an der Betrachtung. Das Gebet führt uns in eine neue Welt, in der eine andere Sprache gesprochen wird, in der die Formen der Landschaft anders und in anderer Beleuchtung erscheinen. Wir sind nicht daran gewöhnt und machen leicht Fehlgriffe. In der Natur täuscht uns nichts so sehr wie das Licht. Wir irren uns über Entfernungen und Größenverhältnisse; wir sehen manches verkehrt und sehen sogar reine Phantasiegebilde. Der Grundsatz, daß das Licht nur Farbe erhält, wenn es durch Dunkel scheint, ist in der Theologie ebenso wahr wie in der Naturwissenschaft. In der Welt des Gebetes gibt es Farben, die man nur schwer mit Sicherheit entweder dem Gegenstand selbst oder der Atmosphäre zuschreiben kann; Glanz kann da blenden und dadurch in die Irre führen. Gewöhnung allein verleiht Sicherheit in übernatürlichen Dingen; wenn wir uns aber an eine Gruppe übernatürlicher Gegenstände gewöhnt haben, trägt uns der Auftrieb der Gnade in eine andere. Im geistlichen Leben verändern wir ständig unsere Sphäre. Es wäre sonst nicht mehr Leben, sondern Erstarrung. Hier ist nicht der Ort, einen Gegenstand von solchem Umfange zu behandeln; leicht ließe es sich sonst aufzeigen, daß alle Erscheinungsformen des Gebetes, ihre Gefahren, ihre Eigenart, ihre Rückwirkung auf die Seele, ihre Verkettungen, ja selbst ihr Segen in besonderer Weise der Selbsttäuschung Nahrung zu bieten in der Lage sind. Tatsache ist, daß jeder, der sich sorgfältig beobachtet, dabei die Erfahrung macht, daß das Gebet als regelmäßige Übung von Selbsttäuschungen umlagert ist. Auch die Geschicklichkeit und die Augenblicklichkeit, mit der die Selbsttäuschung nach neuen Gnaden greift und sie für ihre eigenen Zwecke gebraucht, kennzeichnet sie. Die Kraft einer Versuchung liegt meistens in ihrer Zeitgemäßheit. Unsere Natur ist so schwach, so gar nicht imstande, Überraschungen standzuhalten, daß Gutes wie Böses, das sich im richtigen Augenblick an uns heranmacht, fast unwiderstehlich ist. Die Herrschaft der Selbsttäuschung beruht in nicht geringem Maße darauf, jede Bewegung zur richtigen Zeit auszuführen. Sie ist behutsam und berechnend, klaren Auges und geduldig. Sie überstürzt nichts. Sie kommt nie vorzeitig, wie es Leidenschaften oft tun. Diese schießen in einem fort übers Ziel hinaus und schaden sich selbst durch ihre ungezügelt heftigen Triebe. Wenn sie Erfolg haben, ist es mehr auf Rechnung ihrer Zähigkeit als ihrer Geschicklichkeit zu setzen. Die Selbsttäuschung ist aber diplomatisch, geräuschlos, selbst in ihrer Raschheit vorsichtig und macht alles mit großer Genauigkeit. Sie arbeitet wie ein Chemiker, sauber, fein, genau abwägend und bis in die kleinsten Einzelheiten akkurat. Ihre Liebenswürdigkeit ist die Liebenswürdigkeit dessen, der sich bewußt ist, daß er sich aufdrängt, und dem die Art und Weise es zu tun einen Rechtstitel dazu geben soll. Dadurch, daß sich die Selbsttäuschung so pünktlich über den Gnadenzuwachs, den wir ständig erhalten, hermacht, sind wir offenbar in einer elenden, gefährlichen Lage. Es ist, als bezögen wir ein schönes Einkommen; denn unsere Dividenden sind hoch und regelmäßig. In der Tat gehört es uns aber nicht ganz. Die Selbsttäuschung erhebt eine große Einkommensteuer; diese wird unmerklich beim Eintreffen neuer Gnaden eingehoben, so daß wir nie erfahren, um wieviel wir weniger reich sind als wir scheinen. Wir wissen nur, daß wir um ein Beträchtliches ärmer sind. Die vernünftige Verwaltung unserer Gnade ist eine der schwierigsten Sachen im geistlichen Leben. Wir müssen ein andermal davon sprechen. Hier genügt es, auf die traurige, widerwärtige Tatsache hinzuweisen, daß die Selbsttäuschung den Schmelz von unserer neuen Gnade abstreift, so daß unsere darbenden Seelen kaum je eine Gnade in ihrer eigenen unberührten Frische kosten dürfen. Die Frucht ist betastet worden; der Zucker in ihr fängt zu gären an.

*

So belästigt die Selbsttäuschung Natur und Gnade. Bald ist sie in der einen dieser Welten tätig, im nächsten Augenblick in der anderen. Charakteristisch ist es für sie, daß sie sich, bei einigen ständig, bei anderen zu gewissen Zeiten, vom natürlichen Charakter fast nicht unterscheiden läßt. Ich habe gesagt, sie sei ein unvermeidliches Gewächs; aber was für ein Gewächs? Ein Schößling der Naturanlagen einer durch die Sünde geschwächten, entgleisten, steuerlosen Persönlichkeit. So besteht ein notwendiger Zusammenhang zwischen unserem Charakter und unserer Selbsttäuschung, obwohl es falsch, ja unerträglich wäre, beide zusammenzuwerfen. Doch erlaubt ihr dieser Zusammenhang nicht nur unsere schwachen Augenblicke abzupassen und sich auf unsere schwachen Seiten zu werfen, sie kann dadurch unsere Anlage so völlig ähnlich sehen, daß wir uns selbst nicht mehr zu erkennen vermögen. Dies ist gefährlich. Fast jedermann hält dafür, daß seine Anlagen oder ein Teil davon ihm tatsächliche Notwendigkeit sind. Er gesteht seiner Gemütsart zum mindesten ein beschränktes Recht zu, ihm Vorschriften zu machen. Er kann der einen Sache nicht widerstehen; er kann eine andere nicht überwinden. Er stellt dies als anerkannte Tatsache in Rechnung, wenn er sich selbst zu leiten oder besser gesagt zu behandeln hat. Denn leider bedeutet Selbstleitung nicht viel anderes als Behandlung. Hier stoßen wir auf die Quelle der Nachsicht mit sich selbst; daran gehen so viele Seelen zugrunde, die zwischen Mangel an Vertrauen auf die Natur und Mangel an Gottvertrauen, zwischen dem Bauen auf sich selbst und dem Bauen auf Gott nicht zu unterscheiden vermögen. Hier nun schleicht sich die Selbsttäuschung ein mit einer bewunderungswürdigen, wenn auch verderblichen Geschicklichkeit in die bevorrechteten Teile unseres Charakters, in die Anlagen, denen nachzugeben wir uns entschlossen haben und wird so zum Gesetz unseres Lebens. Wir belügen uns und machen die Lüge zum Gesetz.

*

Zu den Merkmalen der Selbsttäuschung, die wir schon angeführt haben, gesellt sich noch die Vielfältigkeit ihrer Gestalten. Fast könnte man sagen, daß ihre Formen zahllos wie die Insekten der Erde sind und daß jede eine Gattung für sich bildet. So veränderlich und so persönlich ist jedermanns Selbsttäuschung. Sie macht sozusagen die tiefste Essenz des Bösen in jedermanns Seele aus und geht mit allem Verbindungen ein; und keine dieser Verbindungen gleicht der anderen. Wer kann solch teuflische Wesenhaftigkeit je ganz kennenlernen?

*

Dazu kommt als charakteristische Eigenschaft, die mit der eben erwähnten eng zusammenhängt, die Unsichtbarkeit ihrer verwirrend raschen Veränderungen. Wer kann dem elektrischen Strom folgen, der zweiundzwanzigmal in einer Sekunde um den Erdball läuft? Die Selbsttäuschung übertrifft ihn an Schnelligkeit. Für die Raschheit des Gedankens gibt es kein Maß. Wenigen Gedanken ist eine solche Schnelligkeit selbstgefertigter Logik beschieden wie denen, mit welchen wir uns täglich betrügen.

*

Hier muß noch das Demütigende der Selbsttäuschung erwähnt werden. So oft wir uns ihrer bewußt werden, beschämt uns die harte Sklaverei, in der sie uns gefangen hält. Niemand schrickt mehr vor Selbsterkenntnis zurück, als wer sich selbst einmal bei der Selbsttäuschung ertappt hat. In gewisser Hinsicht hat diese Entdeckung eine Veränderung in ihnen hervorgerufen. Sie sind besser geworden. Doch in anderer Hinsicht sind sie, wenn sie nicht große Gnade haben, durch diese Selbstüberführung auch schlechter geworden. Das trifft besonders bei Anfängern im geistlichen Leben zu. Jede Lüge ist beschämend; wie muß es erst das Selbstbelügen sein? So geben sie angeekelt endlich die ganze Sache auf und erlauben sich alle Bequemlichkeiten, führen ein unbefriedigendes Leben und kommen jahrelang ins Fegfeuer, um ihre scheinbare Vernünftigkeit zu büßen. Manche enden in noch verhängnisvollerer Tiefe. Der Mensch wähnt immer, er müsse sich verändern, wenn er seine Verhältnisse ändert, oder er solle sein

ganzes Wesen verändern, wenn er dabei ist, einen Teil davon zu ändern. Daher geben uns die Menschen immer Rätsel auf durch ihren Widerspruch zu ihrem Vorleben.
Noch ein Merkmal, das sich aus der Betrachtung aller anderen ergibt: Es ist die besondere Gegensätzlichkeit der Selbsttäuschung zu Gott. *Er* ist schrankenlose Wahrheit; *sie* ist der gemeinste Trug. *Er ist Einfachheit; sie* ist Verwirrung. *Er* ist Licht; sie ist Dunkel, *Er* ist gnädig; sie ist erbarmungslos. Sie haftet uns als Geschöpfen an, die wir noch nicht in Sein Bild umgewandelt sind. Sie ist das gewaltige, verwickelte Ergebnis der Sünde. Sie arbeitet gegen Gott, unterirdisch und überirdisch, in jeder Seele, bei jeder Gelegenheit. Sie setzt die Natur in die Lage, die Gnade zu vergiften. Sie lehrt den Sünder, sich der Reue zu entziehen. Ihr Apostolat zielt darauf, vor der Vollkommenheit zu warnen. Sie legt die Ruder im Lebensschifflein um und läßt es auf Felsen oder Sandbänke auflaufen. Sie ist fast die alleinige Ursache jeder falschen Lebenssteuerung, und schlechte Steuerung trägt an einer großen Zahl von Schiffbrüchen die Schuld. Kann sie Gott die Ehre nicht stehlen, so nimmt sie ihr wenigstens ihren Schmelz. Sie macht Menschen auf dem Sterbebette unglücklich, bringt sie in Verwirrung, Verzweiflung, überhäuft sie mit Selbstvorwürfen oder macht

andere selbstzufrieden und täuscht sie über ihre falsche Lebenshaltung hinweg.

*

Überdies ist die Selbsttäuschung ein Feind im eigenen Hause, dem zu unseren Lebzeiten nicht der Garaus gemacht werden kann; sie muß, als Zugabe zu allen anderen Prüfungen, mühsam und ständig in Gefangenschaft gehalten werden. Ihr dient alles als Futter. Sie kann von Gift leben. Abtötung gibt ihr Kraft. Sie nimmt durch Gebet zu. Die Sakramente sind ihr Freude und Labsal. Es gibt nur eine Art, ihr zu begegnen; man muß sie aushungern; nur liegt hier die Gefahr darin, daß wir auch unsere eigene Seele hierbei verhungern lassen. Wohl mögen wir uns schmerzlich nach kindlicher Einfalt, nach größter Wahrhaftigkeit sehnen. Gott ist wahr, der Mensch ein Lügner. Doch ist ein Trost in Sicht. Es gibt noch ein Merkmal für die Selbsttäuschung: fünfzehn haben wir aufgezählt, dies soll das sechzehnte sein. Es gibt ein Ding, und nur dies eine, neben dem die Selbsttäuschung *beinahe nicht* bestehen kann oder das, wenn es mit Selbsttäuschung verbunden ist, diese außerordentlich schwächt, *nämlich nachhaltiger Schmerz über die Sünde, die schöne Gnade der Reue.*

V.

DIE HEILMITTEL GEGEN DIE SELBSTTÄUSCHUNG

Gibt es etwas Wesenhaftes in der Schöpfung? Ist irgend jemand auf der Welt ganz aufrichtig? Gibt es überhaupt ein inneres Leben? So fragen wir uns, wenn wir uns mit frommen Täuschungen zu beschäftigen haben. Die menschliche Persönlichkeit ist jammervoll kleinlich und sie zeigt sich uns in ihrer ganzen unverhüllten Nichtigkeit, wenn wir unsere Aufmerksamkeit auf sie richten. Das Ich nimmt sogar der Anbetung Gottes ihre Ursprünglichkeit. Es wirft einen trüben Schein auf fromme Übungen, die der stille, unaufdringliche Sonnenschein uneigennütziger Liebe bestrahlen sollte. Es ist nicht immer leicht, gewohnte Gewissenserforschung und armselige Selbstbespiegelung auseinanderzuhalten. Doch sind wir ohne Gewissenserforschung verloren und Selbstbespiegelung ist häßlicher Seelenaussatz. Drunten in den Höhlen des Ichs ist die Luft stickig; alles ist feucht, moderig, brüchig. Eine Seele, deren Blick auf sich selbst eingestellt ist, ist meist von Aussatz befallen. Eine angekränkelte Persönlichkeit ist etwas Ekelhaftes; um so abstoßender, je näher wir ihr kommen, um so widerwärtiger, je mehr wir mit ihr zu tun haben. Alles wird bei ihr Täuschung. Gebet, Sakramente, Abtötungen, Wallungen göttlicher Liebe, Dinge, die in sich frisch sind, wie Bäche im kühlen Wald, oder Wasserfälle, die von einem steilen Felsen herabstürzen, aus all dem wird oder kann doch leicht etwas Krankhaftes, Unschönes werden. Ich wundere mich nicht darüber, daß gescheite Leute von starkem Charakter, mit einem Leben voll Erfolgen, und Leute mit leistungsfähiger, leiblicher Gesundheit ein Gemisch von Abscheu und Verachtung für das empfinden, was man inneres Leben nennt. Sie wollen der Mühe entfliehen, die das geistige Leben mit sich bringt. Doch gehört alles an seinen Platz.

Es ist töricht, sich nicht gedulden zu wollen. Wenn es einen weisen Haß gegen sich selbst gibt, so gibt es auch einen, der entweder Torheit oder Dünkel ist. Der ist ein eitler Narr, der mit sich nicht Geduld haben will. Sollte er auch der Sklaverei eines „frommen Lebens“ entlaufen, so kann er sich selbst nicht entrinnen, oder aber er hält an äußerer Frömmigkeit fest, weigert sich aber standhaft, wegen der Ungesundheit des geistlichen Lebens und der Möglichkeit einer Täuschung ein solches zu pflegen. Werden dann seine kleinen Feindschaften, seine angenommene Würde, seine Selbsteinschätzung, seine nichtigen Vorurteile, seine philisterhaften Eigenheiten, seine lächerliche Reizbarkeit, seine mädchenhafte Eifersucht, die Leichtigkeit, mit der er sich so schnell gekränkt fühlt, seine Vorliebe für gute Küche, seine Besorgnis um seine Gesundheit, seine Anspielungen auf die Zahl seiner Jahre, auf die Bedeutung seiner Vergangenheit — werden all diese Armseligkeiten, die ihn nun beherrschen, nicht noch viel krankhafter sein, als ein jämmerlich feiger Skrupel, als eine umstandskrämerische Gebetsweise, als die dumpfe Luft eines um sich selbst kreisenden Geistes, als eine aufdringliche, abstoßende Aszese oder die Tadelsucht eines Menschen, der durch Abtötung bitter geworden ist, weil seine Gnade nicht mächtig genug war, sein natürliches Unvermögen, liebenswürdig zu sein, zu überwinden? Wir können uns darauf verlassen, daß die Leute, die eine gefühlsmäßige Abneigung gegen das innere Leben haben, mehr Teufelsarbeit leisten, als sie ahnen. Glücklicherweise haben sie nicht oft Erfolg.

*

Warum habe ich dies gesagt? Weil wir jetzt die Heilmittel für Selbsttäuschungen studieren wollen und ich euere Erwartungen dämpfen möchte. Wir werden kein ganz radikales, sachgemäßes Heilmittel finden. Selbsttäuschung ist eine zu üble Sache. — Ich habe mich einmal verleiten lassen, in einer Druckschrift zu behaupten, daß es im geistlichen Leben nichts gäbe, das nicht wieder gutgemacht werden könnte. Ein halbes dutzendmal schon hat mich der Gedanke an die Selbsttäuschung fast dahin gebracht, meine Meinung zu ändern. Aber ich glaube immer noch, daß ich recht hatte, und ich halte daran fest. Wir wollen also feststellen, daß etwas gegen die Selbsttäuschung getan werden kann. Was nun ihre geistliche Behandlung anbelangt, so steht es euch frei, sie wie das ganze innere Leben für ein notwendiges Übel zu halten. Sie kommt oft teuer genug zu stehen, bleibt aber in jedem Fall unentbehrlich. Und wenn etwas in bezug auf unser Verhältnis zu Gott unentbehrlich ist, so können wir zu unserem eigenen Besten nur möglichst schnell und möglichst frisch ans Werk gehen. In dieser Stimmung wollen wir uns nach den Heilmitteln gegen Selbsttäuschung umsehen. Wenn sich auch nichts findet, das *großen* Erwartungen entspricht, so gibt es doch manchen Trost. Je tiefer wir uns in die Erkenntnis unserer eigenen Unwahrhaftigkeit versenken, um so näher kommen wir der erhabenen Wahrhaftigkeit Gottes; Selbsterniedrigung ermutigt uns irgendwie; das ist eine merkwürdige Tatsache; aber es ist so.

*

Zuerst etwas Allgemeines und dann erst besondere Anwendungen. Im großen und ganzen kommt die Erkenntnis unserer Selbsttäuschungen einer Heilung am nächsten; darum habe ich so lange von der Selbsttäuschung gesprochen. Etwas so Veränderlichem und Höchstpersönlichem muß auf vielfache Art entgegengetreten werden; wenn wir nur einmal erst unsere Selbsttäuschungen sehen, werden ihre Anlässe und ihre Begleitumstände uns die besten Waffen gegen sie angeben. Selbsttäuschung will nicht erkannt sein, liebt Verkleidung, gedeiht im Verborgenen. Erblickt man sie, so macht sie ihr Schuldgefühl zittern. Sie mißtraut ihrer Verkleidung, wird schwach und verrät sich. Sie verliert den Kopf, wenn ein starkes Licht auf sie fällt und macht unwillkürlich eine Bewegung, vor der sie sich sonst gehütet hätte. So versetzt uns die Kenntnis unserer Selbsttäuschung nicht nur in die Lage, sie aufs Korn zu nehmen; sie macht sie auch feige und so weit ungefährlicher. Dies würde bei einer so wichtigen Sache Entschuldigung genug dafür sein, so viel von diesem Übel gesprochen zu haben, selbst ohne einen klaren Plan zu seiner Heilung anzugeben. Denn das bisher Ausgeführte hilft uns, die Selbsttäuschung leichter zu erkennen, wenn wir ihr begegnen, und nennt uns die Stellen, an denen sie voraussichtlich gefunden wird. So ist die bloße Kenntnis zwar keine vollständige, aber doch eine teilweise Kur.

Herzenseinfalt im allgemeinen ist eine der Selbsttäuschung entgegengesetzte Macht. So oft wir eine weitere Stufe in der Herzenseinfalt erklimmen, schwächen wir den Einfluß der Selbsttäuschung, verringern ihre Kräfte, entziehen ihr günstige Gelegenheiten. *Herzenseinfalt ist das Licht der geistigen Welt.* Wir können uns keine bessere Vorstellung von der Einfalt machen, als die, die uns das Licht gibt. Die Kraft des Lichtes ist so groß, daß in nahezu jedem Ding, das ihm, wenn auch nur für Augenblicke, ausgesetzt wird, irgend eine Veränderung vor sich geht. Tierisches und pflanzliches Leben welken dahin, wenn sie des Lichtes entbehren müssen. Es gibt den Blättern ihr Grün, den Blüten ihre Farben. Mangel an Licht ändert den Lauf der Natur oder, besser gesagt, vereitelt ihre Pläne. Manche Tiere entwickeln sich im Dunkeln nicht. Eine Kaulquappe wird zur Riesenkaulquappe, wenn sie im Finstern gehalten wird, aber sie kann nicht zum Frosch werden. Viele Salze kristallisieren im lichtlosen Raum nicht. Wir könnten diese Fälle beliebig vervielfachen, alle wären Sinnbild und Gleichnis der Wirksamkeit himmlischer Einfalt im geistlichen Leben. Ein Mensch, dem der Gedanke an Gott zur Gewohnheit geworden oder der zuerst an Gott, hernach an sich denkt, oder der in seinem Leben und in seiner Tätigkeit sich der Beobachtung durch andere oder ihres Beurteilens nicht bewußt wird, oder wer seine Pflicht aus Liebe tut, ohne viel seine Persönlichkeit im Auge zu haben, über den wird die Selbsttäuschung sicher keine größeren Triumphe davontragen, soweit dies bei uns armen, selbstsüchtigen, sich selbst liebenden Geschöpfen möglich ist. In solchen Seelen schwächt sich die Selbsttäuschung ab, wird eigentlich zu einer anderen Krankheit, wie die Blattern bei Geimpften. Zweifellos gibt es unzählige Gründe, einfach zu sein, und viele *sind zwingend; wenige* aber so zwingend, wie die Erwägung, daß Herzenseinfalt völliges Ungeeignetsein für Selbsttäuschung bedeutet. Einfalt hat etwas an sich, das sich absolut nicht mit dieser Krankheit verträgt.

Noch eine allgemeine Bemerkung: allgemein in doppeltem Sinne, einmal in bezug auf die Heilung der Krankheit und dann, allgemein wie sie ist, im Hinblick auf ihre Anwendung auf die Einzelseele. Wenn jemand eine Reihe von Entdeckungen macht (und solche Entdeckungen kommen gewöhnlich reihenweise), die dahin gehen, daß er das Opfer fortgesetzter Selbsttäuschung ist und daß das, was er als die Hauptgrundlage seines inneren Lebens ansah, nichts mehr und nichts weniger als Täuschung war, dann wird es oft das weiseste Vorgehen sein, das geistliche Leben umzuformen und aus ihm eine einzige kraftvolle Übung zu machen; die in diesem Fall angemessenste besteht wohl darin, Akte reiner Meinung zu machen, und sich zu bemühen, eine aktuelle[1], gute Meinung statt einer nur virtuellen[2] oder habituellen[3] zu haben. Es gibt einen Vogel, der sich von den Blättern und Beeren des Huacobaumes nährt; er nimmt beim Kampf mit Schlangen keinen Schaden, selbst wenn er gebissen wird, weil seine gewöhnliche Nahrung Gegengift dafür ist; er liefert uns ein Gleichnis für die Seele, die sich von reiner Meinung nährt. Jede Seele hat den Kampf mit Schlangen aufzunehmen. Nur wenige aber haben die Behendigkeit und Zielstrebig-

[1] aktuelle Absicht = Absicht, deren man sich bewußt ist

[2] virtuelle Absicht = Absicht, die noch vorhanden und ihren Einfluß auf die Tat ausübt, deren man sich aber nicht reflex bewußt wird

[3] habituelle Absicht = Absicht, die einmal bestanden hat, aber zur Zeit keinen Einfluß mehr ausübt

keit des Kranichgeiers; er fliegt mit der Schlange himmelwärts und läßt sie aus der Höhe herabfallen, um sie zu zerschmettern, ohne daß der Wurm die Möglichkeit hätte, zu beißen. Wir müssen uns zumeist damit begnügen, Gegengift zu uns zu nehmen, und uns dann beißen zu lassen. Aber das Heilmittel, sich mit der ganzen Kraft der Seele ausschließlich auf die Reinheit der Absicht zu verlegen, kann nicht allen unterschiedslos empfohlen werden. Skrupulösen wird es mehr schaden als nützen; und wenn nur wenige von Natur aus skrupulös sind, so werden es viele durch unkluge Seelenleitung; und so ist ein beträchtlicher Teil der frommen Leute skrupulös. Wo aber das Mittel wirkt, da wirkt es erstklassig. Wen es unglücklich macht, dem hilft es nicht. Mißmutig Gott dienen ist kein Gottesdienst, sofern wir selbst an diesem Mißmut schuld sind. Wir wollen Gott im Sonnenschein dienen, solange Er die Sonne scheinen läßt. Wir werden Ihm dann um so besser im Dunkeln dienen können, wenn Er Dunkel schickt. Es wird kommen. Aber vorerst ist ein falsches Dunkel schlimmer als falsches Licht. Es ist trügerischer mit all seinen Phantomen und Täuschungen. Wenn das Bestreben, unsere gute Meinung immer aktuell zu machen, unser Leben verwirrt, statt es zu vereinfachen, wenn es unseren Geist verdunkelt, statt ihn aufzuhellen, so ist es sicher nicht der richtige Weg für uns, obwohl er in sich und für viele andere gut ist. Gefahrlose Dinge werden solchen gefährlich, für die sie nicht bestimmt sind. Lassen wir Gottes Licht unser Licht, Sein Dunkel unser Dunkel sein, dann werden wir in Sicherheit zu Hause sein, wenn die große Nacht hereinbricht.

*

Nun zu Einzelheiten! Bevor wir von den Heilmitteln reden, müssen wir etwas von der Art und Weise sagen, mit der wir an die Heilung dieser Krankheiten gehen sollen. Wir müssen auch festlegen, was wir dabei vermeiden, was wir dabei beobachten sollen. Vor allem dürfen wir die Selbsttäuschung nicht durch übermäßig genaue Gewissenserforschung oder durch ein ständiges Untersuchen unserer Beweggründe bekämpfen wollen. Eine Wunde immer wieder bloßlegen, um zu sehen, ob sie heilt, ist heller Wahnsinn. Alles im geistlichen Leben soll mit Ruhe geschehen. Selbst unser Fallen müssen wir ruhig nehmen. Noch mehr unsere geistlichen Übungen. Unter ihnen erfordern wohl einige ihrem Wesen nach ganz besonders Ruhe; Gewissenserforschung gehört dazu. Im Übermaß zieht sie unsere Aufmerksamkeit zu sehr auf uns selbst und stört das Gleichgewicht zwischen Äußerem und Innerem, auf dem vernünftige Aszese beruht.

Sie bringt uns durch Übertreibung zu Skrupulosität, durch Parteilichkeit und Beschönigung zur Skrupellosigkeit. Unsere Beweggründe sind eine verwickelte Sache; man muß bei ihrer Beobachtung vorsichtig sein, ebenso wie bei chemischen Versuchen, die in einer gefährlichen Atmosphäre vorgenommen werden und daher, wenn einmal begonnen, keine Hinauszögerung dulden. Ein Taucher kann sehr beschränkte Zeit in den Meerestiefen sich aufhalten und selbst dann strömt ihm beim Auftauchen oft das Blut aus Nase und Ohren. So ergeht es uns in den Tiefen unserer Beweggründe. Wir sollen uns dort nicht lang aufhalten. Können wir nicht rasch finden, was wir brauchen, so ist es besser, unverrichteter Dinge wieder heraufzukommen. Wir haben oft mehr Erfolg mit einem Blick zum Himmel als mit Untertauchen. Ein ernster Mann ist stark versucht, sich gründlich durchzustöbern, wenn etwas schiefgegangen ist, besonders wenn er sich einer geistlichen Unehrlichkeit ertappt hat. Dies ist aber eine Versuchung, nicht ein Anstoß der Gnade. Oft ist es nur eine Genugtuung für die wilde Entrüstung, die Menschen gegen sich hegen und die doch nur eine andere Form der Selbsttäuschung ist, eine Form, die die Selbstliebe besonders schätzt.

Vergessen wir auch nicht, daß diese Heilung von Selbsttäuschung nicht ein für allemal und endgültig erfolgt! Dazu gehört eine Lebensarbeit. Es ist wichtig, dies im Gedächtnis zu behalten, weil wir selbstredend anders zu Werke gehen, wenn es sich um etwas Gelegentliches und Vorübergehendes handelt, als wenn etwas ein ordnungsmäßiger Bestandteil unseres Lebens ist. Auch ist für das Fortschreiten dieser Heilung Entmutigung besonders verhängnisvoll. Je länger eine Anstrengung zu dauern hat, um so weniger kann sie Entmutigung vertragen. Was durchhalten soll, braucht Triebkraft. Weithin gespannter Draht senkt sich und wird schlaff, was man täglich vom Eisenbahnabteil aus beobachten kann. So steht es mit dem Ausharren. Es muß auf Pfosten ruhen. Wir können keine Lasten daran hängen, es hat genug an seinem Gewicht zu tragen. Wenn es mit diesem fertig wird, dann alle Achtung! Aber abgesehen davon, die Eigenart unseres Feldzuges gegen die Selbsttäuschung und das Wesen unseres Feindes machen die Entmutigung besonders gefährlich. Die Hoffnung erhält das Auge des Glaubens klar und sicher. Die Taktik der Selbsttäuschung geht nun dahin, uns in unserer Hoffnung unablässig zu beunruhigen. Sie sucht durch Verwirrung, Unbestimmtheit, durch Schachzüge, vielfältige Angriffe, durch ständiges wechselvolles Außerachtlassen der zu erwartenden Regeln der Kriegführung unsere Hoffnung zu zermürben;

und wenn wir uns einmal niedersetzen und zu verzweifeln anfangen, dann haben wir wenig Aussicht, je wieder aufzustehen.
Wir dürfen auch nicht stolz sei. Es gibt Kämpfe, bei denen es nicht sehr ehrenvoll ist, Sieger zu bleiben, weil uns der Zwang sie auszufechten erniedrigt, so wie wenn Soldaten im Straßenkampf gegen den Pöbel vorgehen müssen. Es gibt Gefechte, aus denen auch die Sieger besudelt und entstellt hervorgehen, so wenn man sich durch Sumpfland durchkämpfen muß. In unserem Feldzug gegen die Selbsttäuschung dürfen wir nicht Ruhm erwarten. Wir werden nie in eine bezwungene Stadt geistlichen Fortschritts einmarschieren können mit Sonnenglanz auf unseren scharlachroten Waffenröcken und mit unseren fleckenlos strahlenden Bannern, umjubelt von Triumphgeschmetter der Trompeten. Wir werden immer voller Schmutz nach Hause kommen. Wir müssen auch, das ist ein weiteres Merkmal unseres Feldzuges, äußerste Geduld üben, und uns gutmütig über kleine Siege, bescheidene Erfolge freuen. Oft sollten wir heißen Kampf schon als Sieg einschätzen. Schließlich müssen wir in den Krieg ziehen mit einem männlichen Entschluß, in nichts nachzugeben, komme, was da wolle.

*

Wenn wir auf die Heilmittel selbst zu sprechen kommen, so werden wir zu unserer Enttäuschung sehen, daß selbst die ins einzelne gehenden noch immer recht allgemein sind. Bei einem so vielgestaltigen, lebenslangen Unternehmen kann es nicht anders sein. Das erste Heilmittel ist großes Mißtrauen gegen sich selbst; es soll sich nicht mit Allgemeinheiten begnügen, obwohl auch dies nicht dringend genug empfohlen werden kann. Es muß sehr ins einzelne gehen. Es gibt immer Dinge, oder zu gewissen Zeiten gewisse Dinge, bei denen wir uns besonders im Recht fühlen. Die Sache ist so klar wie die Mittagsonne. Wir sollten uns wohl fast in allem mißtrauen, aber *diese* Fälle, *diese* Tatbestände, meinen wir, brauchen sicherlich jene allgemeine mühsame Überwachung nicht. *Hier* haben wir ja keinen Grund, uns zu mißtrauen. Jedermann hat, oder, was auf das Gleiche hinauskommt, glaubt, in sich ein Land der Mittagsonne zu haben, in dem es immer hell, immer gleichmäßig hell ist; hier kann er getrost sich herumtreiben, weil hier die Selbsttäuschung nicht im Hinterhalt liegen kann. Das Mißtrauen in sich selbst, sofern es Heilmittel sein soll, liegt darin, daß wir uns gerade zu diesen scheinbar bevorrechteten Zeiten, an diesen scheinbar privilegierten Orten mißtrauen. Wir müssen uns die Überzeugung beibringen, daß wir dann am sichersten im

Unrecht sind, wenn wir ganz sicher sind, im Recht zu sein. Die Erfahrung lehrt uns bald, daß solche innere Überzeugungen von unserem Rechte Bollwerke der Eigenliebe sind. Das besondere Mißtrauen gegen diese inneren Überzeugungen übt bald eine eigene Wirkung auf unseren Charakter aus, die von großer Bedeutung im Kampfe mit der Selbsttäuschung ist. Wir merken, daß unser Charakter durchsichtig wird. Hierfür gibt es keinen anderen Ausdruck. Wir sprechen von durchsichtigem Wasser, das aus Bergquellen kommt. Diese Durchsichtigkeit bedeutet etwas mehr als Klarheit. Sie setzt Reinheit und Transparenz voraus. Sie ist nicht Herzenseinfalt, obwohl ihr verwandt. Sie hat mehr von Erworbenem an sich als die Herzenseinfalt; man denkt an einen Prozeß, den sie durchmacht, wie das Wasser, das durch die Erde geläutert wurde; und doch bewegt sich ein solcher Charakter so frei und natürlich wie wahre Herzenseinfalt. Charakteren, die zur Wahrhaftigkeit kommen, nachdem sie trügerisch gewesen, eignet eine besondere Klarheit.

Was immer uns davon abhält, die Ratschläge der Eigenliebe zu befolgen, ist auch Heilmittel gegen Selbsttäuschung; zu diesen Dingen zählt der Gehorsam gegen unseren Seelenführer. Dieser Gehorsam erspart uns viele Fehlgriffe. Er ermöglicht uns gleichfalls, unseren inneren Frieden zu bewahren und so mit viel mehr Ruhe zu handeln, als wir es sonst könnten; und Ruhe ist immer ein der Selbsttäuschung widriger Umstand. Langsames Handeln ist oft fast noch mehr der Tummelplatz für Selbsttäuschung als rasches Handeln, weil es vernünftige Überlegung vortäuscht und unserem Eigensinn Vorschub leistet. Eigensinn ist ja die Tatkraft der Dummheit. Ein dummer Mensch ist fast zwangsläufig eigensinnig. Ruhiges Handeln aber bewahrt uns nicht nur vor der Hast, die uns unfrei macht, sondern auch vor der noch gefährlicheren Langsamkeit des Eigendünkels. Freilich können wir leicht die Seelenleitung zur Posse machen, indem wir darauf bestehen, zu viel Führung zu haben; dann machen wir aus ihr ein Sicherheitsventil für unsere Neigung, von uns selbst zu sprechen, eine Gelegenheit, unser Verlangen nach Teilnahme zu befriedigen, einen Anlaß zu Geplauder, das mehr als leichtfertig ist, da es unsere Seele betrifft. Aber mit Maß und Ziel wird uns Offenheit unserem Seelenführer gegenüber eine große Hilfe sein, die Geistesruhe zu erwerben, die der Herzenseinfalt so verwandt ist.

Betrachtung der Eigenschaften Gottes ist eine weitere Waffe gegen die Selbsttäuschung. Gott ähnlich zu werden ist das Ziel der Heiligung; was wir häufig betrachten, ahmen wir unbewußt nach. Aber es liegt noch mehr darin. Das

Bild des Schöpfers liegt in der Seele. Es muß nicht neu eingeprägt, es muß nur aufgefrischt, nur wieder lebendig werden; wenn wir voll Ehrfurcht längere Zeit hindurch uns Gott in Einzelzügen vorstellen, so wird durch geistige Verwandtschaft Sein Bild in uns aufgehellt und scharf umrissen. Überdies ist Gott Wahrheit. All Seine Vollkommenheiten tragen das Merkmal der Wahrheit an sich, sind von einer Atmosphäre der Wahrheit umgeben. Die Nachbarschaft Gottes ist das Heimatland der Wahrheit. Alles, was uns aus uns heraus und zu den Gegenständen des Glaubens hin bringt, ist noch dazu in sich selbst ein Mittel gegen die Selbsttäuschung; und was kann uns auf Erden mit mehr Erfolg von der Selbstbespiegelung abziehen als diese selige Schau, der Anblick der göttlichen Eigenschaften? Ehrfurcht ist auch der Selbsttäuschung abträglich und Betrachtung der göttlichen Vollkommenheiten ist eine nie versiegende Quelle heiliger Frucht und der daraus erwachsenden Anbetung. Es ist eine bemerkenswerte, eigenartige Wahrnehmung, daß die Ehrfurcht vor Gott die Menschen untereinander natürlich und einfach macht. In was immer für eine Gesellschaft innerliche Menschen geraten mögen, eine bescheidene und doch nicht schüchterne Natürlichkeit zeichnet sie aus. Anfänglich bemerken wir sie kaum, da ja Natürlichkeit die Eigenheit hat, sich nicht bemerkbar zu machen. Dann fallen sie uns auf, nehmen uns immer mehr ein und faszinieren uns schließlich geradezu. Wir werden im allgemeinen finden, daß solche Menschen sich in ihrem inneren Leben zu den Eigenschaften Gottes hingezogen fühlen. Es wird einer kaum je sich in der Öffentlichkeit linkisch benehmen, der im Innern gewohnheitsmäßig Gott seine Ehrfurcht bezeigt. Ehrfurcht zur Gewohnheit geworden ist höchste Stufe im geistlichen Leben. —

Auch können wir unsere Andachten so wählen, daß sie ein Mittel gegen Selbsttäuschung werden. Zwei sind besonders gegen Selbsttäuschung angezeigt, weil sie uns das Auge Gottes vergegenwärtigen. Wir können nicht gut Gott ins Antlitz sehen und uns dann selbst belügen. Die Planeten spiegelten sich vor einer Stunde im Wasser wider, aber nun ist der Vollmond aufgegangen und hat ihre zitternden Bilder verwischt. So nimmt uns Gottes Auge die Vorstellung vom Auge der Welt. Wir werden — dies ist gewiß der gewöhnliche Vorgang — dadurch zu Betrügern, daß wir immer mit dem Bewußtsein handeln, daß die Augen der Menschen auf uns ruhen. Was immer uns von diesem verderblichen Bewußtsein abzieht, befreit uns von einer Sklaverei, die uns wie alle Sklavereien zu Lügnern macht. Gottes Auge allein vermag dies.

Was anderes macht politische Parteien so durch und durch unehrlich, selbst wenn sie sich aus ehrlichen Leuten zusammensetzen, als das ständige Gefühl, beobachtet zu werden, das ununterbrochene Bewußtsein, daß kritische, unfreundliche Augen jede Bewegung erspähen. Doch bringen in kleinerem Maßstabe die meisten von uns ihr Leben in ähnlicher Sklaverei zu. Die Befreiung von dieser Tyrannei der Menschenfurcht ist eine herrliche Wirkung der Andacht zum allerheiligsten Altarsakrament. Es ist nicht ein Sinnbild oder eine Vorstellung oder ein sich bewegender ritueller Gegenstand oder eine hochehrwürdige Reliquie, die vor uns liegt; es ist Jesus, es ist unser Herr selbst, in all der ehrfurchtgebietenden Wirklichkeit Seines eucharistischen Lebens. Je mehr wir beim heiligsten Sakrament verweilen, um so weniger werden wir uns selbst täuschen. Wer hat es nicht gesehen, wie gerade diese Andacht Seelen umgestaltet, wie sie Bekehrungen zustande bringt, unvollständige vervollständigt, wie sie die Gnaden des Menschen in eine höhere Sphäre erhebt, wie sie leere Räume in fehlerhaften Charakteren ausfüllt, wie sie Impulse und unkluge Andacht auf vernünftiges Maß zurückführt. Was bedeutet das anderes, als daß gerade diese Andacht uns vor Selbsttäuschung bewahrt? Wir können aber nicht immer beim

Allerheiligsten weilen; und der Gedanke daran ist durchaus nicht dasselbe wie seine Gegenwart. Wir müssen eine andere Andacht noch mitten ins Gewühl des Lebens tragen, die Andacht zu unserem Schutzengel. Er ist Gottes Auge. Er ist uns näher als irgend ein menschlicher Kritiker. Seine Urteile sind unbedingt gerecht und dabei ebenso gütig wie gerecht. Die Menschenfurcht lockert bald ihren Griff, wenn wir anfangen unseren Schutzengel mit so viel ehrfürchtiger zarter Liebe zu lieben, daß wir fast ohne Anstrengung seine Gegenwart fühlen.

*

Wir müssen aber noch einige Vorsichtsmaßregeln für unseren Kampf mit der Selbsttäuschung anfügen. Wir können das Richtige auf eine falsche Art tun. Besondere Gewissenserforschung, das, was man fachmännisch so nennt, ist der Jagdhund, mit dem wir die Selbsttäuschung aus ihren verschiedenen Schlupfwinkeln jagen. Doch dürfen wir uns durch die Veränderlichkeit unserer Selbsttäuschungen nicht zu weit treiben lassen. Mit anderen Worten, wir müssen davor auf der Hut sein, den Gegenstand unserer besonderen Gewissenserforschung zu oft zu wechseln. Ein ungeschickter Jäger macht seine Hunde müde und unsicher. Er hetzt sie zu sehr. So zerstören auch wir gar bald den Eifer, die

Witterung und die Klugheit unseres Gewissens, wenn wir es beständig auf verschiedene Gegenstände hinlenken. Auch müssen wir zurückhaltend sein, wenn wir über unsere religiösen Gefühle sprechen. Je mehr Selbsttäuschung wir an uns entdecken, um so mehr sollen wir über unseren inneren Zustand schweigen. Wir müssen trachten, uns nur an den Glauben zu halten. An unserer Andacht soll alles innerlich sein, so weit dies vernünftigerweise möglich ist. Wir dürfen uns nicht an das halten, was zufällige Ratgeber uns sagen, oder was ein heiligmäßiger Ordensmann über uns geäußert haben soll oder was angeblich eine erleuchtete Klosterfrau in bezug auf unsere Seelenführung angedeutet hat. Wir dürfen die Gewohnheit, nach äußeren Kundgebungen der Offenbarung auszuschauen, nicht allzusehr über uns Herr werden lassen. Im Licht, im Weg, im Geist des Glaubens liegt die Sicherheit für uns; und mehr noch, auch Vollkommenheit. Wir müssen auch eingedenk bleiben, daß Tadelsucht, in sich schon immer und überall schlimm genug, der Seele besonders schädlich ist, wenn diese im Kampf mit der Selbsttäuschung liegt. Ja in der Regel kann jedes Übermaß an Reden, selbst wenn es nicht unser geistliches Leben oder den Charakter anderer betrifft, als eine Macht der Selbsttäuschung angesehen werden. Die Zunge hat mit Gedanken-

lügen ebensoviel zu tun als mit gesprochenen Lügen.
Vor allem aber Vorsicht vor einem großen Irrtum! Er besteht darin, daß wir auf Grund der Täuschungen und Verstrickungen des geistlichen Lebens meinen, daß Gott sozusagen hinterhältig sei, daß er uns dazu verlocke, sich Ihm ganz zu überlassen, und daß Er dann auf dem Handel bestehe, ohne Rücksicht auf unsere Schwäche. So scheint es manchmal in verwickelten Lagen, in die uns fast unvermeidliche Selbsttäuschung bringt. Manchmal tritt im geistlichen Leben eine Schwierigkeit ein, die in ihrer Hoffnungslosigkeit dem Weltuntergang gleichsieht. Sie mag auch unser äußeres Leben in Mitleidenschaft ziehen, wenn wir schwere Verantwortungen zu tragen haben. Auf die eine oder andere Art ist Selbsttäuschung sicherlich mit im Spiele. Wir sollen hier das Vertrauen auf Gott uns als besonderes Heilmittel angelegen sein lassen. Wir müssen es als Geistesrichtung und als Herzensstimmung pflegen. Gott will uns nie fangen oder eine uns ungünstige Lage ausnützen. Doch ist es im Kampf mit der Selbsttäuschung vielleicht die peinlichste Versuchung, so unwürdig von Gottes Vaterliebe, die geradewegs auf ihr Ziel losgeht, zu denken.

VI.

WO UND WANN WERDEN WIR WAHR?

Werden wir je wahr und echt werden? Werden wir uns je dieser lästigen, zudringlichen Falschheit entledigen, die sich an alles heftet, was wir tun, sagen, leiden und sind? Unsere Seele bringt es zustande, sich vom Leibe loszulösen; aber es ist ein harter Kampf. Vielleicht wird der Vorgang, in dem wir uns aus den Maschen der Selbsttäuschung herauswinden, jenem Vorgang ähneln, ja möglichenfalls wird er geradezu einen Teil davon ausmachen. Wenn wir die Sache vom praktischen Standpunkt ansehen, dann kann man die Selbsttäuschung für heilbar halten. In der Theorie gibt es keine vollkommene Heilung für sie, den Tod ausgenommen, und der ist mehr ein Auslöschen als eine Heilung. Das Bewußtsein, daß die Selbsttäuschung nie vollständig überwunden werden kann, läßt uns nur noch inniger nach dem Himmel und nach den fernen Quellen ewiger Wahrhaftigkeit verlangen. Die Erde kann nicht das ganze Werk vollbringen. Es muß noch etwas jenseits des Grabes getan werden oder doch im Augenblick des Ins-Grab-Sinkens.

*

Ist es wirklich so? Kann nichts uns wahr machen? Reißt nicht der Schmerz so viele Hüllen von der Seele? Zugegeben! Der Schmerz ist einer von Gottes tüchtigsten Arbeitsleuten. Aber er kann es nicht mit der Selbsttäuschung aufnehmen. Dies liegt ihm nicht. Im Gegenteil, der Schmerz vermehrt nur unsere Fähigkeit, uns zu betrügen. Im Schmerz liegt meistens ein gutes Stück Unwahrheit. Er dämpft unser Gewissen. Er hält uns einen Spiegel vor, in dem wir uns verzerrt sehen. Das Bild ist oft übertrieben, immer falsch. Trost entartet schnell in Schmeichelei. Körperliche Weichlichkeiten schleichen sich ein und niemand weist ihnen die Türe. Das Gebet wird leicht launisch. Der Geist des Sich-Nachgebens ist die Atmosphäre des Hauses. Die Temperatur, in der die Leidtragenden, Arme ausgenommen, sich aufhalten, ist immer erschlaffend. Daher kommt es, daß wir im Schmerz meistens Gott aus dem Auge verlieren und uns selbst so wichtig vorkommen. All zu viele haben Zeiten der Trauer gehabt, auf die sie als auf Unterbrechungen in ihrem geistlichen Leben zurückblicken, nicht als auf Perioden üppigen und zu gleicher Zeit abgehärteten Wachstums. Selbst wenn Schmerz heiligt, so befreit er uns nicht von Selbsttäuschung. Er hat dafür keine Begabung. Glorreicher Schmerz! Ach! Wir behandeln ihn schlecht. Nicht selten scheint der Schmerz, statt uns wahrer zu machen, eine Verschwörung zwischen Gott, unserem Ich und unseren Freunden anzuzetteln, um uns noch vollständiger zu täuschen. Freilich ist dies *unsere* Schuld, nicht die des Schmerzes.

*

Macht uns Freude wahr? Nein! Vielleicht täuscht sie uns weniger als Schmerz; aber auch sie täuscht uns. Gewiß gibt es Naturen, die sich im Sonnenschein öffnen, die sich unter dem Einfluß starker Wärme und hellen Lichtes entfalten. Solcher Leute Herz scheint Freude aufzuschließen wie Wein es tut, und ein Herz, einmal aufgetaut, schließt sich nicht mehr so bald. Freude hat Seelen sogar geheiligt. Aber dies ist nicht der gewöhnliche Verlauf und auf die Mehrzahl der Menschen würde sie diesen Einfluß nicht haben. Freude paßt ausgezeichnet für die, denen sie überhaupt entspricht; aber Leid entspricht weitaus mehr Menschen. Wir verdanken der Freude zweifellos manchen lichten Gedanken über Gott; und wer die lichtesten Gedanken über Gott hat, wird schließlich am wenigsten unter Selbsttäuschung leiden, obwohl er gerade dann eigene Selbsttäuschungen haben wird. Wir wollen also zugeben, daß für manche, deren Zahl größer ist als man gemeinhin vermutet, Freude mehr leistet als Schmerz. Mahnbücher wollen uns dies nicht zugestehen; aber es ist nun einmal ihr Beruf, düster zu sein, und wir wollen ihnen zum Trotz bei unserer Annahme bleiben. Trotzdem hat Freude nicht die Gabe, uns von Selbsttäuschung zu befreien. Auch wenn sie uns anscheinend hilft, Gott besser zu dienen, ja wenn sie es wirklich tut, nicht nur es zu tun scheint, verbirgt sie uns unsere Kargheit an reiner, uneigennütziger Liebe. Wie gern glaubt man, daß wenigstens ein Teil dieser geistlichen Süße *uns* zugehört. Es fällt schwer anzunehmen, daß unser Herz, das sich von dieser himmlischen Flamme so durchglüht fühlt, in Wirklichkeit noch kaum warm geworden ist, und daß, wenn Gott Sein Geschenk zurückzieht, wir nahezu so gemein, so egoistisch und so feige sind wie zuvor. Bald fangen wir an zu glauben, daß wir Gott uneigennützig lieben und Ihm, dem Hochgebenedeiten, um Seiner selbst willen dienen, und daß wir auf Höllenfurcht oder auf Himmelshoffnung als Beweggründe jetzt nicht mehr zurückzugreifen brauchen. Die wiederholten Enttäuschungen, die uns solche Gedanken einbringen, gehören zu den alltäglichsten Verdrießlichkeiten des geistlichen Lebens. Wenn die Freude schwindet, schwindet auch die Uneigennützigkeit. Daß dann als Rückwirkung so viel Schlaffheit übrig bleibt, fällt auch der Freude zur Last, weil sie uns all die Zeit her über den wirklichen Grad unserer Gottesliebe getäuscht hat, dadurch kam gehobene geistliche Stimmung über uns und nach gehobener geistlicher Stimmung sind die Menschen so gebrochen und verstört wie Süchtige, wenn die Wirkung des jeweiligen Mittels vorüber ist; Eigenliebe überall! Warum doch sehe ich sie vielfach dort, wo sie nicht sein sollte: Könnte ich doch glauben, es sei nur eine meiner Wahnvorstellungen! Welch wunderschöner Anblick, welch Meisterwerk geistlicher Bildhauerkunst ist doch die Freude einer frommen Seele, die von Sonnenschein überflutet wird, deren Blick eine Art stiller, innerer Musik ausstrahlt, die sich in fast leidenschaftlicher Dankbarkeit gegen Gott ergießt. Die Seele, der Schutzengel, die Zeichen geistlicher Gnaden, der Thron Gottes, vor dem die Anbetung stattfindet — welch wundervolle Gruppe! Mein scharfes Auge will aber auch hier hartnäckig neben der Gottesanbetung — Selbstanbetung entdecken.

Wird uns Leiden von der Knechtschaft der Selbsttäuschung befreien? Das Mittel wäre, selbst wenn es dies bewirken könnte, kein allgemeines. Denn Leiden ist durchaus nicht so allgemein verbreitet, als man es oft annimmt. Leiden ist ein großes Wort. Es schließt weit mehr ein als die kleinen Schmerzen des Lebens oder die gewöhnlichen Kümmernisse der Menschheit. In unserer modernen Zeit geht ein großer Teil der Menschen ins Grab, ohne im eigentlichen Sinn gelitten zu haben. Sie haben diejenigen überlebt, die sie nach dem Lauf der Natur zu überleben hatten. Vielleicht ist der Tod bei seinen Streifzügen nicht ganz innerhalb dieser Schranken geblieben. Sie haben in 60 Jahren zwei oder drei ernste Krankheiten durchgemacht. Die Schwächen des Alters stellten sich ein, nachdem sie mehr oder weniger angestrengt sich ihrem Beruf gewidmet hatten. Im Ganzen aber war Ruhe ihr Anteil. Sie hatten mäßigen Schmerz, einen Anteil Widerwärtigkeiten, einen Tropfen Unbefriedigtsein und Enttäuschung. Aber das ist doch nicht Leiden. Tatsächlich sind die Herzen, die edel genug sind, um leiden zu können, in der Minderheit. Die meisten Menschen sind zu ichbezogen, zu weich, zu oberflächlich oder zu sehr auf sich gestellt, um unter irgend einem Erlebnis wirklich zu leiden, schwere Blitzschläge natürlich ausgenommen, die aber in ein und demselben Kreise nicht allzuhäufig niedergehen. Die Moralprediger schießen über das Ziel hinaus, wenn sie das Elend auf der Welt übertreiben. Weltmenschen fühlen die Unwahrheit dieses Geredes heraus, lachen darüber, schreiben es der Religion zur Last und verachten sie. All dieses Gejammer über das Unglück der Welt ist nichts als das fadenscheinige Pathos einer veralteten Pastoral. Es ist abgenutzt. Niemanden rührt es mehr; wohl aber macht es die Menschen schlechter, indem es ihren gesunden Menschenverstand gegen die Religion aufbringt, die keinen auch nur halb so wertvollen Bundesgenossen hat wie ihn. In Wirklichkeit ist die Welt recht hell und licht und alles in allem ausnehmend befriedigend, soweit Behagen in Betracht kommt. Zu verwundern, nein, zu beklagen ist es, daß sie, sündig wie sie ist, so behaglich sein kann. Tatsächlich hat heutzutage niemand mehr die andere Ansicht. Man verkostet die Welt und schleckt sich die Lippen; so süß ist sie. Wäre die Welt so auffallend elend, so könnten die Sittenprediger sich ihre Ermahnungen sparen. Die Menschen sind nicht so darauf versessen, elend zu sein, daß man das Höllenfeuer braucht, um sie vor dem angeblich so düsteren, abstoßenden Weltelend abzuschrecken. Warum sollte man uns so eindringlich vor dem Unglück in der Welt warnen, wenn gerade dieses Unglück uns wirksamer als alle Ermahnungen von der Welt abhalten könnte? Im Grunde glauben die Moralprediger selbst nicht an ihre Lehre. Schau sie dir an! Sie lassen ihre Klagen hören und unterhalten sich dann. Die Aszeten haben recht — nicht die Moralprediger. Die Aszeten geben die Reize der Welt zu und sind benommen und nervös, wenn sie daran denken. Sie sagen von der Bosheit der Welt, was die Moralprediger von ihrem Elend behaupten. Die Anziehungskraft der Welt macht sie verwirrt. Das ist die richtige Auffassung, deren Richtigkeit selbst der Weltmensch in seinem Herzenskämmerlein einräumt. Vielleicht wird eines Tages dieses Herz sich durch das Bewußtsein von der Schlechtigkeit der Welt erweichen lassen; zur Zeit wird es durch die Predigt vom Weltelend nur noch härter.

So würde Leiden, selbst wenn es Befreiung von Selbsttäuschung bedeutete, ein nicht sehr häufiges Heilmittel sein können. In Wirklichkeit aber ist unsere elende Schwäche so groß, daß die Ergebnisse des Leidens, obwohl es ein Gottesengel ist und aus dem Werk der Gerechtigkeit ein Werk der Liebe macht, recht häufig nur Demütigung für uns bedeuten. Es ist ein zu starker Trank für unsere Schwäche; vielleicht schickt es uns deshalb der gütige himmlische Vater nicht. Wenn Er straft, so bleibt Seine Strafe weit unter

unserer Fähigkeit zu ertragen; und wenn Er unsere Seelen zu heilen kommt, so läßt Er uns nicht einmal die Bitterkeit Seiner Heilmittel kosten. Hast du je selbst gelitten? Und hast du nicht gefunden, daß Leiden dich nur an dich selbst denken ließ? Es war so schwer selbstlos zu sein, so schwer an andere zu denken, so fast unmöglich, für sie Anordnungen zu treffen. Du hast in bezug auf Opfer für andere in einer Art versagt, die dir, bevor das Leiden kam, unglaublich geschienen hätte. Du hattest keine Ahnung, daß deine Persönlichkeit dir *so* Mittelpunkt sei, wie es das Leiden bewiesen hat. Selbst Gott muß um dich kreisen. Du betrachtest Ihn als eine Kraft, die dir die Last erleichtert, oder als Trostesquelle, oder als eine Stelle, bei der du dich ordnungsmäßig beschweren kannst. In deiner eigenen Auffassung hat Gott zu dir Beziehungen, nicht du zu Gott. War es nicht so? Gerät man aber so nicht noch tiefer in das Dickicht der Selbsttäuschung, statt heraus ins Freie?
Die Selbsttäuschung findet überdies keinen Widerstand, so lange die innere Wachsamkeit aussetzt. Nun gibt es kaum eine seltenere Gnade als innerliche Wachsamkeit im Leiden. Leiden erschöpft. Wir können nicht ununterbrochen so viele Gefechte nach allen Seiten bestehen. Wie eine Brandwunde zieht Leiden unsere Lebenswärme an sich, an die verletzte Stelle. Die an-

deren Glieder werden kalt. Unser Herz läuft Gefahr, ganz blutleer zu werden. Unterdessen gewähren uns aber unsere geistlichen Feinde nicht großmütig einen Waffenstillstand oder sehen davon ab, uns von vorne zu bedrängen, wenn das Leiden uns von hinten angreift. Leiden macht uns auch blind, indem es uns aufreibt. Sollten wir dies auch nicht an uns selbst sehen, so bemerken wir es doch schließlich an anderen. Nichts fällt uns beim Verkehr mit Menschen, die leiden, und bei unseren vertrautesten Hilfeleistungen für sie, derart auf, wie ihre Verblendung. Wir wissen nicht, was wir mehr anstaunen sollen, das Maß ihrer Täuschungen oder ihre ahnungslose Ruhe. Leidenszeit ist größtenteils eine Zeit von Unwahrhaftigkeit. Leiden wird uns also nicht von etwas befreien, das zu vermehren es die Neigung hat.

*

Wird uns der Tod von der Selbsttäuschung befreien? Noch am ehesten von allen anderen Dingen. „Gestorben sein" wird uns frei machen; ob auch das Sterben an sich? Können wir denn auch im Sterben noch unecht sein? Was sagt die Erfahrung an Sterbebetten? Melancholisch bejaht sie die Frage. Wieweit die Unwahrhaftigkeit bewußt oder unbewußt ist, das heißt, ob sie einen sittlich verantwortlichen Akt darstellt, ist eine andere Frage. Aber zweifellos können auch gute Leute im Sterben etwas dramatisch sein. Das Sterbebett kann zur Bühne eines Schauspielhauses werden. Wir können selbst dort und zu dieser Stunde eine Rolle spielen. Die Gefallsucht, die so tief in unserem Wesen liegt, kommt sogar *dann* zum Vorschein und weckt den Wunsch, einen erbaulichen Eindruck zu machen. Der alte Römer, der seine Toga um sich raffte, um in Schönheit, freilich nur in heidnischer Schönheit, zu sterben, hat viele Genossen. Völlige Herzenseinfalt auf dem Sterbebett ist nicht häufig, es sei denn, es handle sich um ein rasches Ende. Die Gnade scheint sich abzunützen und das unedle Ich schaut durch. Aber häufig ist noch viel mehr Schauspielerei dabei. Vielleicht ist sie in gewissem Grad der Gewohnheit zuzuschreiben, Sterben zu spielen, was, da und dort in frommen Büchern empfohlen, gewissen Seelen zusagt. Hat einer jahrelang über letzte Worte nachgedacht, Proben über die Art, wie er die Sterbesakramente empfangen möchte, abgehalten, sich in aller Bescheidenheit ein sieghaftes Ende ausgemalt, so muß sich wohl all dieses Imaginäre in Szene setzen, in gewissem Ausmaße selbst im Angesicht der unerbittlichen Tatsachen bemerkbar machen. Wenn wir im Leben versucht haben, natürlich zu sein, wird uns das Sterben zeigen, wie wenig weit wir gekommen sind. Haben wir den Versuch im Leben nicht gemacht, so werden wir nur erschreckt auffahren, wenn's ans Sterben geht, und sterben, bevor der Schrecken vorüber ist und wir uns gesammelt haben. Ach, die meisten Menschen sterben im Dämmerzustand.

*

Was soll uns denn dann wahr machen? Das Angesicht Gottes wird es tun. Die Ewigkeit wird uns herrschgewaltig berühren und uns wecken; ja sie wird uns gesund machen. Selbsttäuschung herrscht als Übel in der Seele und nur des höchsten Herrschers Hand kann sie heilen. Jesus wird uns beim Gericht anblicken, und die Selbstkenntnis, die uns in diesem Augenblick aufgeht, wird die Seele aller Unwahrheit entkleiden und sie in das Gewand unsterblicher Wahrheit hüllen. Die völlige Selbsterniedrigung, in die uns die hinreißende Schönheit der Gottheit versetzen wird, ist dann die letzte tiefste Wahrheit unserer geschaffenen Naturen.
Die größtmögliche Annäherung an diesen Zustand wird unsere beste Waffe gegen die Selbsttäuschung sein; und die größte Annäherung besteht im Gottdienen auf Grund persönlicher Liebe. Die Liebe, nicht jedwede, aber die göttliche Liebe hat eine besondere Fähigkeit, uns wahr zu machen. Vereinigung mit Gott macht, ähnlich

wie ein Gnadenmittel, unsere Unwahrhaftigkeit schwinden. Wenn wir in liebendem Glauben aus uns herausschauen und zu dem Bilde Jesu aufblicken, so werden die inneren Vorgänge in uns weniger zahlreich, sie vereinfachen sich in staunenswertem Maße. Aber sie werden um so erhabener. Unser inneres Leben ist dann am gesichertsten, wenn es auf eine einzige Gnadenwirkung beschränkt ist. Wir müssen nach Gott ausschauen, zu Ihm gehen, uns auf Ihn stützen, Seine Liebe kann nur unsere Selbstliebe wegbrennen lassen, um eins mit Ihm zu werden. Außerhalb Gottes, fern von Gott ist alles unwahr. Unwahrhaftigkeit gehört zur Geschöpflichkeit. Wie peinlich empfinden wir es — und selbst bessere als wir — in unseren guten Zeiten, wie anmaßend wir sind, ohne es ändern zu können, wie unecht, ohne es zu wollen, wie heuchlerisch, ohne jede böse Absicht! Es liegt ein ruhiger Trost darin, daß einmal der Tag kommt, da wir keine Rolle mehr spielen werden, nicht vor anderen, nicht vor uns selbst, auch nicht vor Gott.

Wertvolle Bücher zur geistigen Vertiefung

Ljubić: ***Erscheinungen der Gottesmutter in Medjugorje***
Der Autor, ein Priester aus Jugoslawien, berichtet ausführlich über die Erscheinungen in Medjugorje. Dieses Buch wird ständig auf dem neuesten Stand gehalten, ist daher immer aktuell.
208 Seiten, 10 Farbbilder, 10. Auflage, DM 11.80

Zarko Ilić: ***Freudige Glaubenserfahrungen in Medjugorje***
Jeder sollte diese interessanten Aussagen lesen. Sie sind mit die besten Zeugnisse für die Echtheit der Marienerscheinungen in Medjugorje. 96 Seiten, 6 Farbbilder, DM 6.80

Janko Bubalo: ***Ich schaute die Gottesmutter***
Pater Janko Bubalo führte mit der Seherin Vicka ein Frage-Antwort-Gespräch. Hier vernimmt man hochinteressante Details. Spannend zu lesen, schlicht und leicht verständlich.
256 Seiten, 16 Bilder, 3. Auflage 1989, DM 19.80

Emanuel: ***Ein Ereignis in Bildern***
Ein eindrucksvoller Bildband über die wichtigsten Ereignisse in Medjugorje mit der Einladung der Mutter Gottes zur Buße, Versöhnung und Frieden. Dieser Bildband kann den Betrachter zur inneren Umkehr hinführen. Alle Bilder farbig, wenig Text.
71 Seiten, 50 Farbbilder, 21 x 21 cm, geb., DM 19.80

Ljudevit Rupčić: ***Medjugorje in der Heilsgeschichte***
In diesem *neuen Buch* zeigt Dr. Rupčić, daß Gott in der heutigen Zeit auf besondere Weise durch die »Mutter der Kirche« in das Weltgeschehen eingreift. Sie will in Medjugorje die Menschen darauf aufmerksam machen, daß Gott mit seinem Heilsplan hier anwesend ist. In diesem Buch finden Sie auch Forschungsberichte, die keinen Zweifel daran entstehen lassen, daß die Seher, die immer noch die Erscheinungen haben, seelisch und körperlich gesund sind. 208 S. 10 Farbb. DM 19.80